MARIE TOURELL SØDERBERG

Hygge

Das große Glück liegt in den kleinen Dingen

mvgverlag

Bibliografische Information der Deutschen Nationalbibliothek
Die Deutsche Nationalbibliothek verzeichnet diese Publikation in der Deutschen Nationalbibliografie. Detaillierte bibliografische Daten sind im Internet über https://dnb.de abrufbar.

Für Fragen und Anregungen
info@mvg-verlag.de

Wichtiger Hinweis
Ausschließlich zum Zweck der besseren Lesbarkeit wurde auf eine genderspezifische Schreibweise sowie eine Mehrfachbezeichnung verzichtet. Alle personenbezogenen Bezeichnungen sind somit geschlechtsneutral zu verstehen.

1. Neuausgabe 2023

Türkenstraße 89
80799 München
Tel.: 089 651285-0
Fax: 089 652096

Die englische Originalausgabe erschien 2016 bei Penguin Books Ltd, London unter dem Titel *Hygge. The Danish Art of Happiness.*

Übersetzung: Martin Bauer
Redaktion: Desirée Šimeg
Umschlaggestaltung und Layout: Maria Verdorfer
Umschlagabbildung: Shutterstock.com/ Igisheva Maria
Satz: Vanessa Brunner
Druck: Florjancic Tisk d.o.o., Slowenien
Printed in the EU

ISBN Print 978-3-7474-0567-3
ISBN E-Book (PDF) 978-3-96121-955-1
ISBN E-Book (EPUB, Mobi) 978-3-96121-956-8

Weitere Informationen zum Verlag finden Sie unter
www.mvg-verlag.de
Beachten Sie auch unsere weiteren Verlage unter www.m-vg.de

INHALT

Hyggelig, Sie zu treffen!

Und willkommen zu Hygge. Auch wenn Ihnen der Begriff neu sein sollte, kennen Sie das Konzept bestimmt aus Ihrem Leben. Kurz gesagt handelt es sich um das dänische Wort dafür, sich an den kleinen Dingen im Leben zu erfreuen.

Es heißt, Hygge sei eng mit dem dänischen Nationalcharakter verbunden. Doch sein Kern ist nicht dänisch, sondern universal. Hygge ist für alle – egal wo Sie sind und wer Sie sind.

Ich heiße Marie Tourell Søderberg, lebe in Kopenhagen und arbeite als Schauspielerin. Manchmal habe ich das Gefühl, zu sehr von meiner Arbeit vereinnahmt zu werden: erst die Theaterprobe, dann ein Casting für eine Fernsehserie, gefolgt von Synchronaufnahmen für einen neuen Disney-Film. Manchmal vergesse ich dabei, auch mal einen Gang runterzuschalten und mir Zeit für mich zu nehmen.

Ich finde es ganz entscheidend, Hygge-Zeit mit Familie und Freunden zu verbringen, Hygge-Momente mit mir selbst und ein hyggeliges Zuhause zu haben.

Hygge nimmt vielerlei Formen an und bedeutet für jeden Menschen etwas anderes. In diesem Buch lasse ich viele Dänen zu Wort kommen. Sie erklären, was Hygge für sie persönlich bedeutet. Lassen Sie sich doch davon inspirieren, wie auch Sie Ihr Leben hyggeliger machen können!

Viele Dänen empfinden Hygge als etwas Erstrebenswertes. Es ist wie ein Kompass, der uns den Weg zu kleinen Augenblicken des Glücks weist, die man für Geld nicht kaufen kann, und so den Zauber im Alltäglichen zu entdecken.

Marie

Für mich bedeutet Hygge:

- mit meiner Schwester im Park spazieren gehen und plaudern, rumblödeln und lachen, als wären wir wieder Kinder
- in Gesellschaft meines Partners mit einer Tasse Tee in der Hand dem Regen lauschen, der aufs Dach prasselt
- im Garten meiner Mutter Wein trinken
- mit guten Freunden eine Tasse Kaffee trinken, spontan gemeinsam essen und bis spät in die Nacht hinein trinken und plaudern, weil einfach niemand will, dass der Abend endet

SO SPRICHT MAN HYGGE

Ausländer finden oft, das Dänische sei schwer zu lernen. Die Grammatik ist kompliziert, die Aussprache noch schwieriger. Glücklicherweise müssen Sie nicht Dänisch lernen, um „Hygge zu sprechen".

„Mit meinem Freund rede ich Spanisch, aber wir verwenden immer den Begriff ‚hygge-out', wenn wir etwas Hyggeliges planen. Zum Beispiel ‚vamos a hygge-out'. Ich finde das dänische Wort inzwischen unersetzlich. Was sollte man sonst verwenden? ‚Gemütlich' bringt die Bedeutung einfach nicht vollständig rüber. Das Konzept von Hygge gibt es in anderen Kulturen natürlich auch, aber wenn man ein eigenes Wort dafür hat, geht man bewusster damit um. Und plötzlich merkt man, wie viel Hyggeliges im Alltag steckt."

Júlia Reig aus Katalonien,
die mit ihrem Freund in Kopenhagen wohnt

Nützliche Hygge-Ausdrücke

Zum Nomen „Hygge“ gibt es ein Verb („hyggeln“) und ein Adjektiv („hyggelig“): „Jetzt ist Zeit für Hygge!“, „Lass uns hyggeln!“, „Was für ein hyggeliges Zuhause!“

Hygger – Das Verb (hyggeln) wird verwendet, wenn man über eine hyggelige Unternehmung oder einen hyggeligen Augenblick redet. Beispiel: „Was macht ihr gerade?“ – „Wir hyggeln.“

Hyggeligere/hyggeligste – Steigerungsformen von hyggelig (hyggeliger, am hyggeligsten): „Das ist der hyggeligste Ort, den ich je gesehen habe.“

Hygge om – für jemand anderen Hygge schaffen, ihn sozusagen „umhyggeln“, etwa indem man ihm Tee oder Knabbereien serviert, ihn in eine weiche Decke hüllt oder mit ihm plaudert.

Hygge sig – einen hyggeligen Augenblick erleben.

Hygge sig med – sich mit etwas hyggeln oder einen hyggeligen Augenblick mit etwas verbringen. Wird gern in Verbindung mit Hobbys verwendet: „Er hyggelt sich beim Gitarrespielen.“ „Wir hyggeln mit diesem Heimwerkerprojekt.“

Kan du hygge dig/hyg dig – ein verbreiteter (salopper) Gruß beziehungsweise Abschiedsgruß (wörtlich „Kannst du dich hyggeln“/„Hyggle dich“).

Es gibt auch viele Zusammensetzungen mit Hygge, etwa Familien-Hygge, Hygge-Bier oder Hygge-Snack. Am Ende des Buchs finden Sie eine Aufstellung mit zahlreichen Hygge-Ausdrücken.

„Hygge ist ein Daseinszustand, in dem man mit sich selbst, mit seinem Partner, dem Finanzamt und seinen inneren Organen im Reinen ist.“

Tove Ditlevsen,
dänische Autorin und Dichterin (1917–1976)

Im Gespräch verwenden wir Dänen ständig den Ausdruck Hygge: Wir versichern uns, wie sehr wir uns darauf freuen, wieder gemeinsam zu hyggeln, wir weisen darauf hin, wie hyggelig eine Situation ist, wenn wir gerade hyggeln, und hinterher reden wir gern darüber, was für eine gute, hyggelige Zeit wir miteinander verbracht haben.

Die Wurzeln des Wortes reichen ins Altnordische zurück: „hyggja“ bedeutet, emotional und geistig zufrieden zu sein, einen Unterschlupf gefunden zu haben, wo man sich in Sicherheit ausruhen und Kraft und Mut tanken kann.

Die Wirkung der Wörter, die wir verwenden

„Einem neueren Zweig der Psychotherapie, der narrativen Therapie, zufolge konstruieren wir alle unsere Identitäten mittels der Geschichten, die wir über uns und übereinander erzählen. Deshalb prägen die Sprache und die Wörter, die uns zur Verfügung stehen, ganz erheblich, wer wir sind und wie wir uns wahrnehmen.

Die grönländischen Inuit kennen mehr als zwanzig Wörter für Schnee. Dieser Umstand ermöglicht es ihnen nicht nur, ihre Erfahrungen mit verschiedenen Schneearten mitzuteilen, er schärft auch ihre Wahrnehmung für die Feinheiten des Wetters und ihren Blick für den Reichtum und die Vielfalt der Natur.

Das Gleiche gilt für Hygge. Je präziser wir über Hygge und all ihre Nuancen und Formen reden können, desto schärfer nehmen wir Hygge auch wahr, desto leichter fällt uns, sie herzustellen und desto besser können wir uns darüber austauschen.

Das Wort ist nicht nur ein passiver Signifikant, sondern eine performative Aussage. Indem wir eine Erfahrung ‚hyggelig' nennen, verbinden wir – möglicherweise unbewusst – eine ganze Reihe von Werten mit dieser Erfahrung. Auf diese Weise verschafft sich Hygge Platz in unseren Geschichten und dem Narrativ darüber, wer wir sind und was wir schätzen."

Torkild Fogh Vindelev,
Psychologe

WOHER KOMMT HYGGE?

Ein kurzer Blick in die Kultur und Geschichte von Hygge

Die Länder dieser Erde definieren sich über unterschiedliche zentrale Werte. Amerikaner lieben ihre persönliche Freiheit, Franzosen schwelgen in ihrer „gloire“ (Ruhm, Ehre), Deutsche pochen auf Ordnung und Genauigkeit. In Dänemark zählt Hygge sicherlich zu den zentralen Werten.

Zu diesem Phänomen haben Professor Jeppe Trolle Linnet zufolge unter anderem das dänische Klima, die geringe Größe des Landes, ein gewisser Hang zur Nabelschau, der Wohlfahrtsstaat und eine weitgehend egalitäre Gesellschaft beigetragen.

Viggo Johansen, Fröhliche Weihnacht, 1891

Das nordische Klima weist große Kontraste auf zwischen Wärme und Kälte sowie Licht und Dunkelheit. Die Sommernächte scheinen endlos, aber im Winter schwindet das Licht, bis am Tiefpunkt nur noch sieben bis neun Stunden Tageslicht übrig bleiben. Die Wettervorhersage im Fernsehen lautet meistens: „grau und bedeckt". Im Schnitt regnet es an 171 Tagen im Jahr, im Sommer erreichen die Durchschnittstemperaturen 17 Grad, im Winter liegen sie gerade so über dem Gefrierpunkt.

Aufgrund des etwas deprimierenden Klimas sehnen wir Dänen uns nach Wärme und Geborgenheit, die wir meistens zu Hause finden, wo wir es uns, unserer Familie und unseren Freunden gemütlich einrichten. Der Hygge-Professor Jeppe Trolle Linnet erklärt:

> „Das ungemütliche Klima hat sicher auch dazu beigetragen, dass nordische Kulturen das Zuhause als ‚sicheren Hafen' romantisiert haben, in dem Familien sich treffen und neue Kraft schöpfen, um sich der Welt da draußen wieder stellen zu können. Das Zuhause ist der physische Teil von Hygge, die Familie der soziale Teil: ein Vorstadium von Hygge. Wenn wir außerhalb unseres Heims Hygge suchen, dann meistens an Orten, die an ein Zuhause erinnern: von fremden Blicken abgeschirmt, umschlossen, mit gedämpfter Beleuchtung und gemütlicher Möblierung."

Hygge ist auch eine Reaktion auf die geschwundene Größe Dänemarks. Früher einmal gehörten Teile von Schweden, Deutschland und Norwegen – und vorübergehend sogar Teile Großbritanniens – zu Dänemark, doch mit der Zeit ging fast alles verloren, Stück für Stück. Als Norwegen 1814 seine Unabhängigkeit erklärte, verloren wir die sagenhaften Berge, Dänemark wurde flach wie ein Pfannkuchen. 1864 stürzte sich eine naive, größenwahnsinnige dänische Regierung in einen Konflikt mit dem militaristischen Preußen Otto von Bismarck. Dabei verloren wir ein Drittel unserer Bevölkerung und den Großteil unseres Nationalstolzes.

Was konnten wir danach noch groß tun? Die einzige Lösung schien, das Beste aus dem kleinen, flachen Land zu machen, das noch übrig blieb. Unser nationales Motto wurde: „Was im Äußeren verloren wurde, soll im Inneren gewonnen werden." Dieses Zitat des dänischen Dichters H. P. Holst besagt: Bestellen wir unser Land und suchen wir nach innerer Erleuchtung.

„Wir haben einen starken Gemeinsinn geschaffen, indem wir Organisationen und Vereine für Menschen mit gemeinsamen Interessen oder Zielen bildeten. Wir gründeten auch eine neue Art von Schule, die der großen Masse Bildung nahebringen sollte. Diese Schulen sind als dänische Volkshochschulen bekannt."

Im Laufe des 19. Jahrhunderts entstand in Dänemark daraus das Wertesystem, auf dem der moderne Wohlfahrtsstaat beruht:

> „Bei der Vermögensverteilung haben wir viel erreicht, wenn nur wenige zu viel haben und noch weniger zu wenig.“
>
> N. F. S. Grundtvig (1783–1872),
> Pfarrer, Dichter, Philosoph, Historiker, Lehrer und Politiker

Dieses Zitat galt mehr als hundert Jahre lang als Credo der dänischen Sozialpolitik. Dänemark ist berühmt für seine sozialen Sicherungssysteme und gilt als eines der egalitärsten Länder weltweit. Die Umverteilung von Wohlstand schmälert die Kluft zwischen Arm und Reich. Ausbildung und Krankenversicherung sind kostenlos, und wenn man seine Arbeit verliert, hilft der Staat: All das vermittelt den Dänen das Gefühl wirtschaftlicher Sicherheit. Wenn die Grundbedürfnisse erfüllt sind, kann man sich besser auf die sozialen, kreativen und persönlichen Elemente im Leben konzentrieren – Hygge hat es dann leichter.

> „Die Sozialpolitik und eine auf das subjektive Glück des Einzelnen ausgerichtete Moral geben den Menschen die Möglichkeit, den Raum und die Freiheit, Hygge-Pausen einzulegen und ein wenig runterzukommen. Man muss sich nicht immer nur abrackern.“
>
> Jeppe Trolle Linnet,
> Hygge-Professor

Hygge ist von ihrer Natur her friedlich, zutiefst persönlich, nach innen gerichtet und egalitär. Damit passt sie bestens zu dem Selbstbild, das wir von uns als Nation haben: Dänemark ist ein kleines, friedliebendes Land, das niemandem wehtut und in dem alle gleich sind. Jeppe Trolle Linnet schreibt dazu:

> „Hygge ist universell und für jedermann zugänglich. Hygge gehört wesentlich zur Natur des Menschen und ist nicht ausschließlich etwas für Dänen. Doch einige Elemente von Hygge passen hervorragend zum nordischen Wohlfahrtsstaat und zum dänischen Selbstbild als kleines Land.“

„Am Set eines Films zeigt sich unser nationales Erbe ganz deutlich, vor allem unsere Kultur der Gleichheit. Die empfinde ich als etwas sehr Dänisches. Wir verstecken uns nicht in unseren Wohnwägen oder stolzieren herum und halten uns für etwas Besonderes, nur weil wir Schauspieler sind. Wir sind es gewohnt, uns als Teil eines Teams zu sehen, und plaudern am Set mit jedem. Geselligkeit ist uns allen enorm wichtig, viel wichtiger, als die meisten Menschen es sich bewusst machen."

Lars Mikkelsen, bekannt aus den Fernsehserien
House of Cards und *The Killing*,
in einem Interview mit der Zeitschrift *Ud og Se*

BEISAMMENSEIN

Viele Experten, die sich eingehend damit beschäftigt haben, warum Dänemark zu den glücklichsten Ländern der Welt gehört, nennen Hygge als wichtigen Faktor.

Folgendes macht mich persönlich glücklich:

- mit meinem Freund, meiner Familie oder guten Freunden zusammen sein
- an fesselnden und inspirierenden Projekten arbeiten
- in netter Gesellschaft köstliches Essen zu mir nehmen
- ein gutes Buch lesen oder ein kleines Handarbeitsprojekt verfolgen
- Tanzstunden nehmen
- meditieren
- lachen
- gemeinsam mit geliebten Menschen reisen

Beim Durchgehen der Liste fällt mir auf, dass Zusammensein mit anderen eine zentrale Rolle spielt: Zeit mit netten Leuten verbringen, reden, gemeinsam lachen, essen und beieinander sitzen – bei alldem hat Hygge enorme Bedeutung. Ich treffe mich mit Familie und Freunden mit dem expliziten Ziel, mit ihnen zusammen Hygge zu erleben, und ich merke, dass diese Momente uns noch stärker zusammenschweißen.

SOFA
SCENE
TAKE

„Hygge fördert den Aufbau tiefer Bindungen zu anderen Menschen. Hygge stellt sich nur ein, wenn es locker und unangestrengt zugeht – alle Pläne und Vorhaben schaden da nur. Also darf man planlos mit Freunden oder der Familie zusammen sein, mit dem einzigen Ziel, sich zu entspannen und sich gemeinsam zu amüsieren. In solch lockerer Runde dürfen wir einfach wir selbst sein; wir erleben, dass es Menschen gibt, zu denen wir eine ganz enge Bindung haben. Dieses Bewusstsein ist unschätzbar wertvoll und eine der wichtigsten Quellen unseres Glücks.

In Hygge finden wir auch Aufrichtigkeit und Trost – jeder kann sich ungezwungen äußern, auch wenn man unterschiedlicher Meinung ist. Und wenn wir auf diese respektvolle und entspannte Art die großen Fragen des Lebens besprechen, eröffnet uns das die Möglichkeit, uns und unser Leben aus einem neuen Blickwinkel zu betrachten. Wir werden uns der Dinge bewusster, die uns glücklich machen – oder wir erkennen, was wir verändern müssen, um unser Wohlbefinden zu steigern.

Hygge bereitet uns keine Augenblicke der Ekstase (die ohnehin meist nur kurz währt), sondern eine Art alltägliches Glück. Hygge trägt zur langfristigen Zufriedenheit bei.“

Christian Bjørnskov, Professor an der Universität Aarhus
und Autor des Buchs *Lykke (Glück)*

Zusammen hyggeln

Starke zwischenmenschliche Beziehungen sind unerlässlich für Gesundheit und Glück, und Hygge stärkt diese Bindungen, weil sie dafür sorgt, dass man viel Zeit mit geliebten Menschen verbringt. Wenn wir uns bei anderen Menschen sicher und geborgen fühlen, können wir uns fallen lassen – und erleben einen authentischen Augenblick von Hygge.

Manche Menschen sind außergewöhnlich gut darin, eine tolle Hygge-Atmosphäre zu schaffen, zum Beispiel die 28-jährige Marendine Ladegaard und die 92-jährige Anna Elisabeth Gonge ...

Meine Gäste sollen sich wie zu Hause fühlen

Marendine Ladegaard genießt es, Gästen eine hyggelige Atmosphäre zu bereiten – diese Kunst beherrscht sie meisterlich. Ihre Freunde loben einhellig die lockere Stimmung bei ihr. Als Gast fühlt man sich wie zu Hause und gleichzeitig verwöhnt. Marendine zufolge ist das A und O, als Gastgeber aufmerksam und aufrichtig zu sein.

„Meine Gäste sollen vor allen Dingen spüren, dass ich mich über ihre Anwesenheit freue. Sie sollen sich entspannen und wie zu Hause fühlen. Beispielsweise betrachte ich es als großes Kompliment, wenn Gäste ganz selbstverständlich in die Küche gehen, in Schubladen und Schränke schauen und sich nehmen, was sie brauchen.

Wenn meine Gäste hereinkommen, achte ich darauf, in welcher Stimmung sie sich gerade befinden, und überlege mir, was sie jetzt brauchen. Es ist eigentlich ziemlich einfach. Wenn sie kaputt von der Arbeit kommen, schlage ich vor, einfach nur auf der Couch zu gammeln und fernzusehen. Ist es draußen kalt, biete ich ihnen eine Decke und dicke Wollsocken an. Wenn ich etwas Warmes zu trinken anbiete, frage ich meine Gäste gern, ob sie sich eine Tasse aussuchen wollen. Vielleicht finden sie ja eine Lieblingstasse, und das hilft ihnen, sich wie zu Hause zu fühlen.

Manchmal fühlen sich Leute in fremder Umgebung etwas gehemmt, aber wenn ich sage: ‚Hier ist ein Glas Wein, und jetzt setz dich aufs Sofa', machen sie sich keine Gedanken mehr und es fällt mir leichter, mit ihnen zu entspannen.

Für mich ist es sehr wichtig, Energie für meine Gäste zu haben. Deswegen passe ich auch spontan an, was ich meinen Gästen anbiete. Wenn ich merke, dass mir keine Zeit mehr bleibt, ein aufwendiges Abendessen zu kochen, na dann gibt es halt Käse und Wein oder Sandwiches.

Ich lade viel lieber Leute zu mir nach Hause ein, als sie irgendwo in einem Café zu treffen. Zu Hause ist es viel leichter für mich, einen behaglichen Rahmen zu schaffen, eine hyggelige, entspannte Atmosphäre. Ich finde auch, dass sich zu Hause viel eher Vertrautheit und Nähe einstellen als in einem Café. Vermutlich liegt das daran, dass ein Wohnzimmer Teil einer privaten Sphäre ist. Lade ich Menschen zu mir ein, entblöße ich mich ein wenig und zeige damit: Schaut, ich wage es, mich zu öffnen und euch nahe an mich heranzulassen.

Zu Hause versuche ich eine ungezwungene Atmosphäre herzustellen, etwa indem ich die Beine auf die Couch lege. Damit zeige ich meinen Gästen indirekt, dass sie das auch dürfen. Ich versuche auch ganz offen und ehrlich zu meinen Gästen zu sein. Ich erzähle ihnen von Fehlern, die ich bei der Arbeit gemacht habe, oder dass ich morgen eine Kajak-Prüfung ablege und schon nervös bin, weil ich beim ersten Mal durchgefallen bin. Es geht darum, etwas von sich selbst preiszugeben und zu zeigen, dass man nicht unfehlbar ist.

Meine Gäste sollen spüren: Wenn sie versehentlich eine Tasse kaputt machen, ist das ein Grund zum Kichern, nicht zum Jammern.“

„Ich finde, zu Hause lässt sich viel schneller Nähe und Vertrautheit herstellen als in einem Café. Wenn ich Leute zu mir einlade, strenge ich mich für sie an", sagt Marendine Ladegaard (Foto rechts).

Ich bin schon ziemlich gesellig

Anna Elisabeth Gonge kümmert sich um ältere Menschen in ihrer Gegend, die schwere Zeiten durchleben. Sie findet, solange sie körperlich und geistig noch so rüstig ist, kann sie anderen Menschen etwas von der Fürsorge zukommen lassen, die sie in ihrem Leben erfahren hat.

„Bei meinen Besuchen bringe ich immer Kaffee und süße Wecken mit, dann setzen wir uns und plaudern. Ich erkundige mich, wie es um die Gesundheit des Besuchten steht, wie es seiner Familie geht, was die Enkel so treiben. Manchmal sprechen wir über Politik, ganz wie mein Gastgeber möchte.

Am Anfang frage ich immer, wie er sich fühlt. Das interessiert mich wirklich. Außerdem soll mein Besuch ganz nach seiner Vorstellung ablaufen. Wir reden also über die Dinge, die ihn persönlich interessieren, und ich höre zu. Zuhören ist ganz wichtig. Menschen, die den Großteil des Tages allein verbringen, haben oft ein großes Mitteilungsbedürfnis. Manchmal singen wir auch zusammen – Lieder, an die sie sich aus ihrer Jugend erinnern, oder Kirchenlieder. Wenn mein Gastgeber Schmerzen hat, bete ich oft mit ihm. Allgemein geht es darum, präsent zu sein und die Bedürfnisse des anderen zu spüren. Sobald ich merke, dass der andere müde wird, gehe ich.

Manchmal bringe ich auch Kuchen mit. Apfelkuchen, weil den jeder kauen kann. Uns bleiben nicht mehr so viele Zähne – die, die ich noch habe, sind aber original und sitzen noch ganz fest! Doch der Kaffee ist am wichtigsten. Dann macht es auch nichts, wenn das Gespräch kurz zum Stehen kommt. Dann trinken wir einen Schluck Kaffe und genießen einen Moment die Stille.

Ich mache diese Besuche aus einem Gefühl der Dankbarkeit heraus. Ich bin dankbar für all das, was ich über die Jahre bekommen habe, und freue mich daran, es weiterzugeben. Außerdem liebe ich Kaffee und bin schon ziemlich gesellig.

Sich selbst zu hyggeln und sich in Gesellschaft von anderen wohlzufühlen, das ist Leben. Es hilft einem dabei, den Verstand wachzuhalten. Ich habe zwei Töchter und meinen Mann an eine Erbkrankheit verloren, und es dauert, darüber hinwegzukommen. Aber irgendwann kommt man an den Punkt, wo Schluss sein muss mit Trübsinn. Man muss die guten Zeiten wieder schätzen lernen, die man gemeinsam erlebt hat. Ich glaube, solange der Verstand funktioniert und man jeden Tag Hygge erlebt, kann man ein glückliches Leben führen, egal was das Schicksal einem hinwirft. “

Anna Elisabeth Gonge

„Ich backe immer 64 süße Wecken auf einmal, und wenn die letzte weg ist, backe ich neue. So kann ich bei jedem Besuch etwas mitbringen und Gästen immer etwas anbieten. Manchmal hänge ich eine Tasche mit süßen Wecken an die Tür meines Nachbarn, wenn ich weiß, dass er zu Hause ist", verrät Anna Elisabeth Gonge.

Warum Kinder Hygge-Experten sind

„Als die Kinder drei und vier Jahre alt waren, haben wir uns sechs Monate frei genommen, einen Wohnwagen gekauft und sind als Familie durch die Welt gezogen, von Europa bis nach Marokko. In Griechenland lebten wir eine Zeit lang am Strand. Eines Tages beobachteten wir, wie eine Schildkröte zum Wasser hinunterkroch. Unsere Kinder, frische Seeluft in den Lungen, nackt und von der Sonne gebräunt, verfolgten den Weg der Schildkröte über Stunden hinweg. Neugierig sahen sie ihr zu, wie sie Pausen machte, Schatten suchte und sich durch den Sand vorwärts arbeitete.

Als die Schildkröte schließlich am Wasser ankam, streckte sie die Füße hinein, paddelte ein wenig herum – und drehte wieder um.

Verblüfft und mit sandigen Knien staunten unsere Kinder über diese merkwürdige Schildkröte und folgten ihr wieder zurück an den Strand. So verging dieser Tag, und wir Eltern freuten uns ungemein, dass uns absolut nichts drängte und wir die Kinder einfach gewähren lassen konnten.“

Ole Viby, Sønder Nærå, Fünen

Kinder sind in vielerlei Hinsicht geborene Hygge-Experten. Voller Neugier und Enthusiasmus erkunden sie die Welt. Davon sollten auch wir uns inspirieren lassen! Kinder zeigen uns, wie man im Hier und Jetzt lebt, denn so sind sie nun einmal. In Gegenwart von Kindern passiert immer Unerwartetes.

> „Hygge bedeutet für mich, meinen Kindern eine Gutenachtgeschichte vorzulesen. Das ist ein Ritual in unserer Familie. Wir machen das jeden Abend, und jedes Mal entsteht ein hyggeliger Augenblick, wenn wir gemeinsam in Märchenwelten eintauchen oder irgendwas Interessantes darüber lernen, wie Bienen Honig machen oder die Figuren im Star-Wars-Universum ticken. In diesen Augenblicken geht es um Präsenz. Wir kuscheln uns eng aneinander. Diese Nähe ist für mich Hygge pur.“

Tilde Vengsgaard,
Lehrerin und Mutter von drei Kindern, Randers

Dänische Kinder wachsen mit Hygge auf

Die Psychologin Iben Sandahl schreibt in ihrem Buch *The Danish Way of Parenting*, dänische Kinder würden in den Hygge-Stunden mit ihren Eltern lernen, sich selbst und anderen zu vertrauen. Außerdem erführen sie, wie wichtig es ist, einer Gemeinschaft anzugehören.

Welche Funktion erfüllt Hygge in dänischen Familien?

„Viele betrachten Hygge als den ‚Leim', der Familien zusammenhält. Während der Hygge-Stunden spüren wir die Gegenwart der anderen, wir fühlen uns ihnen verbunden, und jedes Familienmitglied nimmt sich selbst wieder wahr. Heutzutage sind die Tage unserer Kleinsten schon so verplant, dass nur noch am Wochenende Zeit für Hygge bleibt. Doch manche Eltern schaffen es, kurze Hygge-Augenblicke in bereits vorhandene Rhythmen und Routinen einzuflechten. Das kann ein Lied sein, das man auf dem Weg vom Kindergarten nach Hause singt, oder der Brauch, beim Abendessen Witze zu erzählen und gemeinsam zu lachen."

Iben Sandahl

Wird dänischen Kindern anerzogen, sich selbst zu hyggeln?

„Allerdings! Kinder nehmen ganz genau wahr, wie Menschen sich verhalten, und sie ahmen das nach, was sie bei Mama und Papa gesehen haben, im Kindergarten oder bei Freunden. Auch die Einflüsse unserer modernen Zeit prägen sie. Ein Neugeborenes braucht Körper- und Blickkontakt, Pflege, Aufmerksamkeit und kognitive Anregung. Dieses Bedürfnis und diesen menschlichen Kontakt kann man durchaus gleichsetzen mit der Befriedigung und Freude, die wir aus hyggeligen Umständen schöpfen: Wir fühlen uns angeregt, wahrgenommen, angehört und akzeptiert. Bei den meisten Kindern ist Hygge eng mit dem Zuhause verknüpft, weil sie sich dort geborgen fühlen, aber auch ihre Freiräume genießen.“

Iben Sandahl

Was bedeutet es für Kinder, wenn Hygge bei ihrer Erziehung eine Rolle spielt?

„Dadurch lernen sie die Bedeutung von Präsenz und Gemeinschaft. Wer in seiner Kindheit die Präsenz seiner Eltern oft gespürt hat, weiß, wie es sich anfühlt, auf existenzielle Art akzeptiert worden zu sein – wahrgenommen, angehört und umsorgt. Diese Kinder fühlen sich auf fundamentale Art sicher, und wenn man sich als menschliches Wesen sicher fühlt, tut man sich viel leichter mit den äußeren Anforderungen und Erwartungen des Alltagslebens. Sind Kinder mit Hygge aufgewachsen, fällt es ihnen im Umgang mit anderen Menschen leichter, sich positiv in Beziehungen einzubringen, solange diese auf gegenseitigem Vertrauen beruhen. Diese ‚Wir-Kultur' entsteht durch Hygge, der Gemeinsinn unserer Gesellschaft beruht auf geteilten Überzeugungen wie ‚Wir bieten einander Schutz' und ‚Diese Erfahrung erleben wir gemeinsam'."

Iben Sandahl

Hygge Priorität einräumen

Die Anforderungen des Alltags erschweren es für Familien oft, für tägliche Hygge-Momente zu sorgen. Doch kleine Auszeiten lassen sich durchaus planen, meint die Psychologin Heidi Schiøtz:

„Beziehen Sie Ihre Kinder in die Hausarbeit ein – teilen Sie jedem Kind Aufgaben zu. Lassen Sie sich beim Kochen helfen und versuchen Sie, so oft wie möglich gemeinsam zu essen. Oft machen wir alles selbst, weil wir glauben, alles ginge dann schneller, wodurch anschließend mehr Zeit für Hygge bliebe. Doch es kann sehr hyggelig sein, miteinander etwas Nützliches zu erledigen. Und indem wir die Kinder in die Hausarbeit einbinden, lehren wir sie, für sich selbst zu sorgen. Gleichzeitig bringen wir ihnen (indirekt) bei, dass sie wichtiger Teil einer Gemeinschaft sind und ihr Beitrag zählt. Damit stärken Sie das Selbstwertgefühl, das Selbstbewusstsein und die Unabhängigkeit Ihrer Kinder.

Überprüfen Sie auch, womit Sie Ihre Zeit verbringen. Mit elektronischen Geräten kann man sehr viel Zeit verdaddeln – legen Sie die Telefone also möglichst außer Reichweite und schalten Sie Computer, Fernseher und iPads ab, wenn die Familie etwas gemeinsam macht oder zu Abend isst. Zügeln Sie auch Ihren Ehrgeiz, schreiben Sie einen Essensplan und gehen Sie nur einmal die Woche Lebensmittel einkaufen.“

Im Kindergarten meines Neffen hing kurz vor den Osterferien folgendes Schild:

> „Vergessen Sie nicht, Gammel-Zeit einzuplanen. Es ist wichtig für die Kinder, dass sie auch mal in Schlabbersachen herumgammeln dürfen. Zoobesuche, Kino, all die anderen geplanten und sicherlich gut gemeinten Aktivitäten können warten."

Herumgammeln heißt, weder Ziel noch Zweck zu verfolgen, sondern sich einfach zu entspannen und anzuerkennen, dass Hygge auch in einem Paar Hausschuhe versteckt sein kann.

Unerwartete und spontane Hygge

Man kann Hygge Priorität einräumen, man kann sie herbeilocken, aber manchmal stellt sie sich ganz unerwartet ein. Irgendetwas wird abgesagt, die U-Bahn fällt aus oder der Strom – und wir müssen warten. Wartezeit eröffnet uns manchmal die Chance, Zeit miteinander zu verbringen.

Als mein Freund noch ein Kind war, geriet er mit seinen Eltern und seinen drei Schwestern einmal mit dem Auto in einen gewaltigen Schneesturm. Statt zwei Stunden dauerte die abendliche Heimfahrt vom Haus eines Verwandten acht Stunden. Auf der tief verschneiten Autobahn ging es nur noch schrittweise voran, der Verkehr staute sich, so weit das Auge reichte. Die Fahrt hätte eine schreckliche Qual sein können, doch mein Freund empfindet sie bis heute als hyggelig: Gern denkt er an den Schnee, die im Auto zusammengepferchte Familie, die zusammen spielte und plauderte. Aus solchem Stoff bestehen die intensivsten Erinnerungen!

Wenn Hygge verschwindet

„Man kann nicht einfach sagen ‚Jetzt hyggeln wir' und erwarten, dass sich augenblicklich Hygge einstellt. Ebenso wenig wie man sagen kann: ‚Ich will mich jetzt verlieben'."

Iben Sandahl,
Psychologin und Autorin von *The Danish Way of Parenting*

Hygge lässt sich nicht erzwingen. Es klappt nicht zu sagen: „Ich habe gerade zehn Minuten frei – Zeit für Hygge!" Hygge hat ihren eigenen Kopf, alles steht und fällt mit der Einstellung und der Atmosphäre. Wenn Hygge verschwindet, dann oft, weil wir sie zu kontrollieren versuchen. Ein Hygge-Abend mit viel Hygge-Potenzial kann unerwartet unhyggelig werden, wenn wir unsere Erwartungen zu hoch schrauben und alles zu sehr durchplanen.

„Für mich bedeutet Hygge, loszulassen – ein Augenblick ohne Zeitdruck, Pflichten, Stress und Ablenkungen. Ein Augenblick der Liebe und Wärme, in dem wir uns mit unwichtigen Dingen beschäftigen: Karten spielen, ein Buch lesen oder ein Bad nehmen. Meinen Kindern zusehen, wie sie gemeinsam lachen. Auf der Couch mit ihnen kuscheln. Hygge ist die Extrazeit, die ich mir gönne, um einen besonderen Augenblick ganz auszukosten, gleichzeitig aber auch etwas, was sich magischerweise jeden Tag einstellt, wenn ich einfach meine Augen offenhalte."

Nanna Mosegaard,
Mutter von zwei Kindern, Nørrebro, Kopenhagen

Hygge damals und heute

Hängt es von unserem Alter ab, wie wir Hygge verstehen? Anders ausgedrückt: Sieht Hygge heute anders aus als vor 60 Jahren? Die 27-jährige Lea Sommer ist in den Neunzigerjahren aufgewachsen und verbindet Hygge mit Podcasts und Grillabenden am Wochenende, während Hygge für ihre 90-jährige Großmutter Grete bedeutet, ein Kreuzworträtsel zu lösen und dazu einen kleinen Schnaps zu trinken. Die beiden machen es sich auf einer Couch bequem, sie erfreuen sich an der Gegenwart des anderen, und Hygge stellt sich ein.

Lea:

Hygge ist für mich hauptsächlich ein Zustand. Ein Zustand, in den ich mich versetzen kann. In Augenblicken der Hygge denke, fühle und verhalte ich mich anders. In Hygge-Momenten bin ich präsent. Ich blende Vergangenheit und Zukunft aus und bin zufrieden. Ich brauche nichts außer dem, was da ist.

Grete:

Da triffst du den Nagel auf den Kopf. Hygge erlebe ich auch, wenn ich allein bin. Beispielsweise wenn ich das Kreuzworträtsel in der Sonntagszeitung mache. Alles ist friedlich, ich sitze einfach da und bin im Hier und Jetzt. Aber man findet nicht immer den Frieden, den man für einen hyggeligen Augenblick braucht.

Lea:

Das stimmt. Wenn ich nicht runterkomme, liegt das daran, dass mein Gehirn mit irgendetwas beschäftigt ist. Ich mache mir Sorgen wegen etwas, das passiert ist oder passieren könnte. Manchmal kann man etwas tun, um aktiv für Gelassenheit zu sorgen, sodass sich Hygge einstellen kann. Wenn ich allein bin und Hygge suche, nehme ich ein langes Bad, schnitze Obst, zünde Kerzen an oder lege Musik auf, die mich an frühere hyggelige Augenblicke erinnert. Bei anderen Gelegenheiten spüre ich, wie Friede mich erfasst, und dann stellt sich Hygge von selbst ein.

Grete:

Ich bin immer an jenen Tagen zufriedener mit mir, an denen ich alles schaffe, was ich mir vorgenommen habe. Daraus erwächst in mir ein Gefühl von Hygge. Ich sage mir: ‚Jetzt darf ich mich hinsetzen und Hygge genießen. Ich habe sie mir redlich verdient.‘

Lea:

Wann gönnst du dir normalerweise Hygge-Momente?

Grete:

Samstagabends. Ich esse am Samstagabend nie warm. Ich mache mir belegte Brote und einen netten kleinen Salat. Dann schenke ich mir ein Schnäpschen ein und einen halben Liter Bier. Diese Samstagstradition stammt aus der Zeit, als dein Großvater Hans noch lebte. Wir führten immer den gleichen Dialog. Hans fragte, ob wir Dorschleber im Haus hätten. ‚Aber ja doch', antwortete ich. Wir hatten fast immer welche im Kühlschrank. ‚Sollen wir sie zum Abendbrot essen?', fragte er dann. ‚Ja, mit Toastbrot und Zitrone. Sollen wir dazu auch einen Schnaps trinken?', fragte ich. ‚Ja, zwei', antwortete er, und so planten wir an Samstagen unser Abendessen.

Lea:

Denkst du während deiner samstäglichen Hygge-Momente an Opa?

Grete:

Ja, ich denke an all die guten Zeiten, die wir zusammen erlebt haben. Sie gehören zu meiner Hygge. Abendbrot am Samstag ist eine alte Familientradition, die wir einführten, als die Kinder noch klein waren. Ich genoss es, einen Tag pro Woche kein warmes Abendessen planen zu müssen.

Lea:

Ja, und Papa übernahm diese Tradition und führte sie zu Hause fort. Oft aßen wir am Samstag um acht Uhr zu Abend: Roggenbrot und Wurst. Meist saßen wir dabei auf der Couch statt am Esstisch. Ein echter Hygge-Moment. Als Kind liebte ich es zu sehen, wie sehr sich meine Eltern am Samstagabend entspannten. Das erfüllte mich mit Hygge und das zählte viel mehr, als Pizza oder Hamburger oder etwas Ausgefalleneres zu essen. Wahrscheinlich hat genau das die Samstagabende so besonders gemacht.

Grete:

Als Kind, in den Dreißigerjahren, empfand ich die Abende unter der Woche als ausgesprochen hyggelig. Vater saß an seinem Tisch, sah Papiere durch oder las Zeitung, Mutter strickte oder nähte. Ich erinnere mich genau, dass die Katze dabei hinter Mutters Rücken lag.

Ich malte meist oder machte Hausaufgaben. Manchmal setzte Vater sich zu mir und malte mit mir. Um neun gab es Kaffee. An manchen Abenden schlug jemand vor, Karten zu spielen, dann spielten wir Karten. Wir langweilten uns nie. Diese hyggeligen Augenblicke bedeuten mir viel. Ich fühlte mich geborgen.

Würdest du sagen, du bist in Hygge-Momenten im Einklang mit dir selbst?

Lea:

Ja, Hygge hilft mir dabei, mein Leben auszubalancieren. Ohne Hygge wäre mein Leben wohl ziemlich ungesund. In Hygge-Momenten drücke ich den Pause-Knopf für mein Leben und genieße die kleinen Dinge.

Grete:

Wenn wir zwei zusammen sind, hat Hygge es ganz leicht, oder?

Lea:

Ja. Wenn wir uns abends sehen, sitzen wir oft auf der Couch und ich lege meinen Kopf in deinen Schoß. Und in diesen Augenblicken zählt nichts anderes.

Grete:

Das ist Hygge.

Lea:

Ja, das ist Hygge.

Ausgehen

Eine Oberkommandierende des dänischen Inlandsnachrichten- und Sicherheitsdienstes, ein Mann in Frauenkleidern, alte Freunde und Freunde, die noch nicht recht wissen, ob sie mehr sein wollen als Freunde – in der Kneipe treffen sich alle. Die Kneipe ist eine Höhle, die jeden freudig aufnimmt. Hygge stellt sich ein, wenn die Kerze knistert, das Stammpersonal einen mit einem Kopfnicken begrüßt und soziale Barrieren fallen.

Täglich um 18 Uhr treffen sich 150 bis 200 Menschen in einer entweihten Kirche in Kopenhagen zum Abendessen. Schulter an Schulter sitzen erschöpfte Familien mit Kindern, lächelnde Großeltern und Nachbarn, die einander kennen lernen wollen, aber keinen Platz in ihren Wohnungen haben. Lennart Lajboschitz, der Gründer der Ladenkette Tiger, kaufte die Kirche 2014 und verwandelte sie in ein modernes Nachbarschaftszentrum, in dem außer den Abendessen auch Yogakurse, Brettspielwettbewerbe und Vorträge stattfinden. „Betrachtet den Raum als die Erweiterung eures Wohnzimmers. Lasst die Hygge beginnen", sagt Morten, der Chefkoch, wenn er das abendliche Menü vorstellt.

HYGGE BEI TISCH

P. S. Krøyer, Hip, Hip, Hurra!, 1888

Vor Tausenden von Jahren jagten und sammelten wir unsere Nahrung, machten ein Feuer, bereiteten darauf unsere Mahlzeiten zu und genossen sie gemeinsam. Die Feuerstelle war der zentrale Ort für Wärme und Licht, hier entstand die Kultur der Gemeinschaft.

Heute jagen wir in den Kühltheken der Supermärkte nach Nahrung, doch die sozialen Aspekte gemeinsam eingenommener Mahlzeiten genießen wir noch immer. Gemeinsame Mahlzeiten sind ein nicht wegzudenkender Teil unseres Soziallebens geworden. Festmähler sind fröhliche Ereignisse, die uns als Gruppe zusammenschweißen.

Für mich stellte das Tischgespräch immer den zentralen Teil des Familienlebens dar. Manchmal saßen wir ewig, aßen und plauderten über die Ereignisse des Tages. Zu anderen Zeiten saßen wir am langen Tisch, machten gemeinsam Hausaufgaben und tranken Tee. Der große Esstisch im Wohnzimmer war der Fixpunkt, um den unser Familienleben kreiste.

Selbstgekochtes

„Ohne Essen kann ich mir Hygge kaum vorstellen. Hygge heißt für mich, mit meinem Partner zu kochen, während unsere Tochter am Boden spielt. Oder einen Picknickkorb zu packen, den wir auf unserem kleinen Boot plündern. Hygge heißt für mich, einen Kuchen zu backen oder zuzusehen, wie mein Partner aus einem scheinbar leeren Kühlschrank Zutaten holt und etwas Fantastisches kocht, nachdem unerwartet Gäste gekommen sind."

Neel Rønholt, Kopenhagen

Der persönliche Touch und der wunderbare Geruch nach Selbstgekochtem unterstreichen, dass das Essen aus diesem Zuhause kommt, es ist authentisch und einzigartig – das genaue Gegenteil von Massenproduktion.

Der Umstand, dass man Zeit und Energie investiert hat, um ein Essen zu kochen oder einen Kuchen zu backen, verstärkt das Gefühl von Hygge am Esstisch. Das Essen selbst muss weder schwierig zuzubereiten noch raffiniert sein. Im Gegenteil: Es schadet nicht, wenn die Mahlzeit bodenständig ist und sich nicht in den Vordergrund drängt.

HYGGELIGE REZEPTE

Tante Inas dicke Pfannkuchen

Ina Schack Vestergaard ist 61 Jahre alt, hat einen Mann (Søren), drei Kinder und fünf Enkelkinder. Sie lebt auf Æro, einer kleinen Insel mit gerade einmal 6000 Einwohnern im Süden Dänemarks. Die Bewohner der Insel stehen in dem Ruf, stolze Seefahrer zu sein, außerdem sind sie für ihre Gastfreundschaft und ihre dicken Pfannkuchen berühmt. Das Rezept für die kleinen, ovalen Leckereien wird oft über Generationen in der Familie weitergegeben, und über das allerbeste Pfannkuchenrezept kabbeln sich die Leute lautstark, solange Ina sich erinnern kann. Der perfekte Pfannkuchen darf weder zu massiv, zu fettig, zu luftig, zu oval oder zu rund sein.

„Es gibt etwa ebenso viele Ansichten über den perfekten dicken Pfannkuchen wie über richtige Kindererziehung oder den perfekten Bootslack. Deswegen habe ich mich erst vor zehn Jahren daran gewagt, selbst dicke Pfannkuchen zu machen. Wie viele junge Æroer dachte ich, Pfannkuchen backen müsse unheimlich kompliziert sein, außerdem fürchtete ich, die Leute könnten sich an der Dicke, der Form oder der Luftigkeit meiner Pfannkuchen stoßen. In Wirklichkeit gehen Æro-Pfannkuchen ziemlich leicht. Das folgende Rezept ist mein ganz persönliches, wobei ich mich bei dem Rezept einer örtlichen Priesterfamilie und bei Mutter Issis Rezept bedient habe.

Mutter Issi war die Schwiegermutter meines Schwagers, eine originelle Type, die sich beim Ausbacken der Pfannkuchen stets Baumwollslips über den Kopf zog, um kein Fett in die Haare zu bekommen. Sie nahm die Slips nicht einmal ab, wenn sie unerwartet Besuch bekam. Ihre Kopfbedeckung war ihr überhaupt nicht peinlich, und wenn sie Pfannkuchen buk, dann genug für die gesamte Stadt.

Dicke Pfannkuchen eignen sich toll für Kaffee und Kuchen, als Abendbrot oder zum Bewirten unerwarteter Gäste. Das Tolle: Ich kann einen ganzen Haufen Pfannkuchen auf einmal machen und sie einfrieren. Und wenn ich Gäste kommen sehe, taue ich einfach ein paar Pfannkuchen auf dem Herd auf und sie schmecken wie frisch gemacht. So kann ich Gästen immer etwas anbieten. Wenn Freitagabend die Kinder und Enkelkinder mit der Fähre kommen, stehen Tee und Pfannkuchen schon bereit. Vor dem jährlichen Akkordeon-Festival mache ich – zusammen mit 16 weiteren Inselbewohnerinnen – 1600 dicke Pfannkuchen für die Gäste. Sie kommen bei jeder Gelegenheit gut an.“

Ina Schack Vestergaard

Ergibt etwa 35 Pfannkuchen

500 ml Milch

1 Würfel Frischhefe

8–10 Eier

(Tipp: Nicht an den Eiern sparen!)

500 g Mehl

Prise Salz

Prise Zucker

Schweineschmalz oder Sonnenblumenöl (reichlich!)

Die Milch in einem Topf erwärmen, bis sie lauwarm ist, dann die Hefe einrühren.

Eigelb und Eiweiß trennen. Mehl, Eigelb, Salz und Zucker in die Milch geben und zu einem Teig verrühren. Kochendes Wasser in eine große Schüssel gießen und den Topf ins Wasserbad stellen (damit der Teig aufgeht und möglichst viele Pfannkuchen ergibt – das gefällt den sparsamen Insulanern).

Das Eiweiß in einer separaten Schüssel steif schlagen und unter den Teig heben, während er noch im Wasserbad steht.

Reichlich Schmalz beziehungsweise Sonnenblumenöl in einer tiefen Pfanne erhitzen; es sollte den Pfannenboden gut einen Zentimeter hoch bedecken. Halten Sie das hölzerne Ende eines Streichholzes ins Fett, um die Temperatur zu überprüfen: Wenn es brutzelt, ist es heiß genug (also einen Moment mal still sein und die Kinder und das Telefon ruhigstellen).

Mit der Kelle Teig schöpfen und als fünf ovale Kleckse, etwa einen Zentimeter dick und mit acht Zentimetern Durchmesser, in die Pfanne gießen. Den ersten Pfannkuchen umdrehen, wenn der fünfte richtig auf dem Fett schwimmt. Die Pfannkuchen nicht zu lange braten. Wichtig: Es muss immer so viel Fett in der Pfanne sein, dass die Küchlein weder den Pfannenboden berühren noch zu weit oben schwimmen. Sie sollten gerade so schwimmen. Die richtige Dosierung erfordert ein wenig Erfahrung.

Die fertigen Pfannkuchen sofort auf Küchenpapier legen, das überschüssiges Fett aufnimmt.

Tipp: Mit Stachelbeer-, Apfel-, Rhabarberkompott oder Marmelade servieren.

Die zwei Porzellanhündchen am Fensterbrett sieht man überall auf der Insel. Der Legende nach blicken die beiden Hunde nach innen, wenn der Mann des Hauses vom Meer zurückgekehrt ist, und nach draußen, wenn er auf See ist. Ob sie jetzt nach ihrem Herrchen Ausschau halten oder nur anzeigen, dass der Liebhaber der Frau ruhig kommen kann, lässt sich nur schwer sagen.

Alfred, Inas jüngster Enkel, ist drei Jahre alt. Er redet nicht, während er seine Pfannkuchen isst – und er kann mindestens vier hintereinander verdrücken. Alfred hat auch einen Trick für die Marmelade: Er schleckt die Marmelade als Erstes runter. So kann er mehr Marmelade auf seine Pfannkuchen verteilen und doppelt so viel bekommen.

Palles Morgenbrötchen

Palle ist seit über dreißig Jahren mit Edith verheiratet. Die beiden haben vier Kinder, und einen Großteil ihres Lebens haben sie auch gemeinsam gearbeitet, an einem Internat im nördlichen Jütland. Wenn man einander so gut kennt wie Palle und Edith, wenn man gemeinsam gute und schlechte Zeiten erlebt hat, weiß man, wie wichtig es ist, einander auch im Alltag glücklich zu machen. Und sei es nur, indem man frische Brötchen backt. Palle sagt:

„Ich bin ja normalerweise nicht der Typ, der viel Zeit in der Küche verbringt. Meine Stärke liegt eher beim Essen, nicht beim Kochen. Aber ich backe gern Brot, und das tue ich oft. Dann fühle ich mich ganz heimisch in der Küche – das passiert mir sonst nur, wenn ich abspüle oder Kartoffeln schäle.

Den Teig für meine Brötchen setze ich schon am Vorabend an. Das dauert ungefähr zwei Mal so lange wie Zähneputzen, geht also recht schnell. Ich wache auf, kurz bevor der Wecker klingelt, so um sechs Uhr. Dann stehe ich auf, schlüpfe in meine Hausschuhe und gehe in die Küche. Edith bleibt gern noch ein bisschen liegen. Während ich also aufstehe, sobald der Wecker klingelt, schläft sie fest weiter. Da unterscheiden wir uns.

Nach zehn Minuten habe ich die Brötchen geformt, mit Sesam bestreut und in den Ofen geschoben. Dann mache ich Kaffee, decke den Tisch und höre dabei Radio. Dieses Morgenritual ist mir sehr ans Herz gewachsen. Genau wie der dänische Dichter Dan Turell liebe ich den Alltag. Es ist schön, eine Morgenroutine zu haben, bevor man sich in den Trubel des Lebens stürzt. Etwas, worüber ich nicht groß nachdenken muss. Es beruhigt mich, genau zu wissen, was ich in der ersten Stunde des Tages zu tun habe. Ich glaube auch, dass das sehr gesund ist.

Edith wacht auf, wenn der Geruch frischer Brötchen zum Schlafzimmer hochgestiegen ist und ich rufe. Sie kommt herunter ins Wohnzimmer. Ich finde es wunderbar, den Tag gemeinsam bei frisch gebackenen Brötchen anzugehen. Davon profitieren wir beide. Wenn man dreißig Jahre zusammengelebt hat, weiß man, was der andere denkt, noch bevor er es ausspricht. Manchmal geht man zu selbstverständlich davon aus, dass der andere da ist, und man schafft es nicht immer, sich in ihn hineinzuversetzen. Doch wenn man viele Jahre miteinander leben will, darf man nie aufhören, den anderen zu sehen. Ich weiß genau, dass es keine große Kunst ist, Brötchen zu backen, aber manchmal denke ich, es ist meine Art, Edith meine Dankbarkeit zu zeigen. Dafür, dass sie da ist, für alles, was wir haben. Ich zeige ihr, dass ich gerne Dinge tue, die sie glücklich machen. Wenn wir uns am Morgen treffen, bevor wir beide in verschiedene Richtungen lossausen, stärkt das unseren Zusammenhalt. Wir sind in der Beziehung zueinander lebendig, und wir teilen in diesen Momenten etwas ganz Besonderes.“

Palle Fogh, Aalborg

Ergibt 10 bis 12 Brötchen

600 ml kaltes Wasser
15 g Biohefe
1 EL Meersalz
50 g Biohaferflocken, grob gemahlen
50 g zerstoßener Weizen
50 g zerstoßener Roggen
400 g Weizenmehl
150 g Dinkelmehl
1 EL kaltgepresstes Olivenöl
Sesamkörner zum Bestreuen

Am Vorabend die Hefe im Wasser auflösen. Salz, Weizen und Roggen hinzugeben. Anschließend das Mehl und die Haferflocken allmählich dazu mischen. Alles zu einem glatten Teig vermengen und über Nacht in den Kühlschrank stellen.

Am nächsten Morgen den Backofen auf 210 °C vorheizen. Sie müssen den Teig nicht kneten. Formen Sie ihn mit zwei Esslöffeln zu Brötchen. Anschließend mit Öl bepinseln, mit Sesam bestreuen und 22 Minuten lang backen – und am besten noch warm jemandem servieren, den Sie gern haben.

Die Brötchen schmecken sehr gut mit Butter und Käse, dazu vielleicht ein Stück rote Paprika oder ein Löffelchen Marmelade.

Louises knusprige Kartoffel-sandwiches

„Als ich klein war, aßen wir als Familie oft Kartoffelsandwiches zu Mittag, und wir essen sie noch heute, wenn wir in den Ferien oder am Wochenende zum Bauernhof meiner Familie in Schweden fahren. Kartoffeln, Roggenbrot, Radieschen, Butter, Mayonnaise und Schnittlauch kommen auf ein Knetbrett – ein Holzbrett, das man auf vielen schwedischen Bauernhöfen unter dem Küchentisch findet. Dann trägt man das Knetbrett ins Freie: In Schweden essen wir immer draußen, selbst bei Regen oder Schneetreiben. Wir sitzen unter dem Vordach und bauen unsere Kartoffelsandwiches. Ich finde das sehr hyggelig.

Kartoffelsandwiches kommen auch immer gut an, wenn ich im Sommer meine Freundinnen zu mir nach Hause einlade. Sie sind eine klassische Variante des traditionellen dänischen Smørrebrød (eines reich belegten Butterbrots), und ich liebe köstliche Zutaten, die man nicht das ganze Jahr über bekommt, sondern nur während der Saison. Im Winter muss man sich mit kalkweißen, langweiligen Kartoffeln begnügen. Doch dann kommen sie plötzlich wieder, die ersten kleinen Frühkartoffeln, neben den Erdbeeren und dem Rhabarber und all den Dingen, die im Frühsommer blühen. Ich gehöre zu den Leuten, die jeden Mai viel zu viele überteuerte Frühkartoffeln kaufen, weil ich nicht mehr warten kann.

Ein Küchenchef sagte mal, je weniger Zutaten in ein Gericht gehörten, desto weniger Kompromisse dürfe man bei der Qualität der einzelnen Zutaten machen. Bei Kartoffelsandwiches gehe ich nach diesem Motto vor. Hier gönne ich mir ein gutes Roggenbrot vom Bäcker, die Mayonnaise mache ich aus Eiern von glücklichen Hühnern.

Hygge ist etwas Merkwürdiges. Oft stellt sich Hygge ein, wenn ich etwas, was ich schon oft gemacht habe, mit einem neuen Ort kombiniere. Kürzlich aß ich beispielsweise ein Kartoffelsandwich an einem meiner Lieblingsorte in Kopenhagen, bei den Kanonenbootschuppen in Holmen. Ich genoss es mit den Beinen im Wasser und der Sonne auf meiner Haut.“

Louise Kjeldsen, Kopenhagen

Ergibt 2 Portionen

Roggenbrot (oder ein anderes dunkles Brot, vorzugsweise selbst gemacht)

Butter

Frühkartoffeln

Radieschen

Schnittlauch oder die Spitzen von Frühlingszwiebeln, fein geschnitten

etwas Knuspriges: gebratener Speck oder Wurzelgemüsechips

etwas zur Dekoration, zum Beispiel Sauerampfer oder Stiefmütterchen

Die vier ersten Zutaten für die Mayonnaise mit dem Mixer sorgfältig vermengen, dann das Öl langsam hinzufügen, während man weiter quirlt, bis die Masse die richtige Konsistenz hat.

Eine Scheibe Roggenbrot buttern. Die Kartoffeln nach Belieben klein schneiden und das Brot damit belegen. Mayonnaise darüber streichen, die Radieschen in Scheiben schneiden und darauf legen, dann mit Schnittlauch oder Frühlingszwiebeln bestreuen. Zum Schluss noch Knuspriges und Deko obendrauf – und guten Appetit!

Für die hausgemachte Mayonnaise

2 Eigelb (Zimmertemperatur)

Prise Salz

ein wenig Zitronensaft

ein wenig Senf (optional)

ca. 120 ml neutral schmeckendes Öl (zum Beispiel Traubenkern- oder Sonnenblumenöl)

Camilla Plums Rødgrød med fløde

Rødgrød med fløde ist eine klassische dänische Nachspeise (und ein berühmter Zungenbrecher für Ausländer).

Dieses wunderbare und berühmte Fruchtkompott ist eine intensiv duftende Mischung aus verschiedenen Beeren, die beim Abkühlen mit Himbeeren vermengt wird. Obendrauf kommen gehobelte Mandeln, ein großer Klecks Sahne und ein wenig Zucker, um das Ganze ein bisschen knusprig zu machen. Diese Nachspeise schmeckt an einem langen, hellen Sommerabend himmlisch und gehört unbedingt zum nordischen Sommer.

Es folgt ein Rezept der dänischen Köchin Camilla Plum aus ihrem Buch *Cook Scandinavian.*

Ergibt 6 bis 8 Portionen

500 g Erdbeeren, geputzt
500 g schwarze oder rote Johannisbeeren und/oder Stachelbeeren
250–450 g Zucker
3 EL Mehl
500 g Himbeeren (ganz am Ende einrühren, wenn man den Topf schon vom Herd genommen hat)

Zum Servieren

etwas Schlagsahne
50 g Mandeln, halbiert
etwas Zucker

Geben Sie die Erdbeeren, die Johannisbeeren beziehungsweise Stachelbeeren (unnötig, sie zu putzen) in einen großen Edelstahltopf. Die erforderliche Zuckermenge hängt stark von den Beeren ab, aber fangen Sie mal mit 250 Gramm an. Geben Sie kein Wasser dazu! Den Topf sanft erhitzen und die Beeren kochen lassen, bis sie Saft schwitzen. Die Hitze reduzieren und die Früchte vor sich hin köcheln lassen, bis die Erdbeeren marmeladig werden und das Ganze himmlisch schmeckt.

Gegebenenfalls nachzuckern: Die Rote Grütze sollte süß schmecken, aber auch ein wenig säuerlich. Rechnen Sie auch den Zucker ein, den Sie unmittelbar vor dem Servieren noch darüber streuen.

Das Mehl in ein wenig Beerensaft auflösen und in die Rote Grütze mischen. Achten Sie dabei darauf, dass es gleichmäßig verteilt wird. Weitere fünf Minuten köcheln lassen, vom Herd nehmen, die Himbeeren unterheben und abkühlen lassen.

In eine Schüssel füllen, sobald die Rote Grütze ein wenig abgekühlt ist, und großzügig mit Zucker bestreuen, damit sich keine Haut bildet. Mit Mandeln verzieren, wenn die Masse kalt und fest geworden ist. Kalt und mit flüssiger Schlagsahne genießen.

Haferbrei mit Karamellsosse, Äpfeln und gerösteten Mandeln

Lasse Skjønning Andersen hat uns Dänen mit seiner edlen Haferbrei-Boutique GRØD in Kopenhagen einen ganz neuen Blick auf Haferbrei eröffnet. Er hat das einfache Kindheitsgericht modernisiert und zu einer Köstlichkeit gemacht.

„Ich finde Haferbrei mit Karamellsoße, Apfel und gerösteten Mandeln am hyggeligsten, weil er seit der Eröffnung des GRØD im Jahr 2011 auf der Speisekarte steht. Andere Varianten kamen und gingen, doch diese ist wie ein treuer Begleiter geblieben. Die Kunden lieben sie, ich liebe sie. Sie ist wie ein guter Freund, dessen man nie müde wird.“

Lasse Skjønning Andersen,
Gründer des GRØD in Kopenhagen

Ergibt 2 Portionen

Für den Haferbrei

115 g Haferflocken
350 ml Wasser
350 ml Milch
ein wenig Wasser
etwas Salz

Für die Karamellsoße

(ergibt eine große Menge Soße, die Sie drei bis vier Wochen im Kühlschrank aufbewahren können)
4 Dosen Kondensmilch
60 ml kochendes Wasser

Toppings

40 g Mandeln
1 Apfel, grob gewürfelt

Karamellsoße

Die Kondensmilchdosen in einen Topf stellen, mit Wasser bedecken und 4 bis 5 Stunden köcheln lassen. Gegebenenfalls Wasser nachschütten, sodass die Dosen immer bedeckt sind. Dann die Dosen vorsichtig herausnehmen und in kaltem Wasser abkühlen. Die Dosen öffnen und die karamellfarbene Flüssigkeit mit ein wenig kochendem Wasser vermischen, bis sie eine cremige Konsistenz hat.

Toppings

Die Mandeln bei mittlerer Hitze goldbraun rösten, vor dem Servieren klein hacken. Sie können auch mehr Mandeln rösten, als Sie aktuell brauchen, und den Rest in einem luftdichten Gefäß aufbewahren.

Haferbrei

Die Zutaten bei großer Hitze zum Kochen bringen. Dann auf mittlere Hitze reduzieren und so lange kochen, bis die Konsistenz stimmt (ca. 7 bis 8 Minuten). Mit Salz abschmecken.

Serviervorschlag

Den Haferbrei in Schüsseln oder tiefe Teller verteilen und jeweils einen Esslöffel Karamellsoße, gehackte Äpfel und geröstete Mandeln darüber geben.

SNOBRØD

Selbst gemachtes Essen, inmitten von Natur, Licht, Wärme und Geselligkeit – das ist Hygge pur. Schon das Backen regt all unsere Sinne an: Wir riechen das Feuer und die kühle Sommernacht, wir sehen die Flammen tanzen und fühlen die Wärme im Gesicht.

Snobrød – Stockbrot – macht man, indem man Teig um einen Stock wickelt und über einem Feuer gart. Man kann den Teig auch um eine Wurst wickeln und diese auf den Stock spießen.

Ergibt 10 Stockbrote

300 ml Vollmilch oder Wasser

25 g Hefe

1 TL Salz

500 g Mehl

Prise Zucker und Kardamom zum Süßen

10 angespitzte Stöcke mit entrindeten Enden

Milch (oder Wasser) langsam erhitzen, bis sie lauwarm ist, und die Hefe darin auflösen. Salz und ganz allmählich das Mehl, dann eine Prise Zucker und Kardamom hinzugeben. Zu einem glatten Teig kneten und 30 Minuten ruhen lassen. (Sie können die Stöcke anspitzen und von der Rinde befreien, während Sie warten, dass der Teig aufgeht.)

Machen Sie 10 wurstförmige Stücke aus dem Teig und wickeln Sie sie um die Stöcke. Den Teig anschließend noch einmal 20 Minuten gehen lassen.

Das Brot über dem Feuer backen, bis es goldbraun ist. Einfach so essen oder mit Butter und Marmelade bestreichen.

Hygge-Snacks

Fremden fällt oft auf, dass Dänen gern selbst gemachte Kuchen und Brötchen mitbringen, etwa in die Schule, wenn es einen Geburtstag zu feiern gilt, ins Büro, bevor sie in Urlaub fahren, oder wenn nach einer geschafften Arbeit ein Hygge-Moment angezeigt ist.

Meine Freunde kennen mich seit vielen Jahren als diejenige, die ihre eigenen Snacks mitbringt. Schon zu Schulzeiten hatte ich in meiner Brotzeitbox immer auch etwas Süßes. Später wurde eine Leckerei in der Handtasche daraus. Für mich bedeuten Snacks Hygge! Doch irgendwann erkannte ich, dass ich Probleme bekommen würde, wenn ich mich weiterhin mehrmals am Tag auf diese Weise verwöhnte.

Hygge und Gesundheit

Wir Dänen verzehren eine gewaltige Menge an Snacks, wir sind Vize-Europameister im Vertilgen von Süßigkeiten. Das liegt der Verbraucherexpertin und Forscherin Heidi Boye zufolge an Hygge.

„Wenn ich meinem vierjährigen Sohn sage, dass am Abend Hygge angesagt ist, schweben ihm keine Karottensticks und Brokkoliröschen vor. Die große Mehrheit der Dänen verbindet mit Hygge Trinken und Essen, und oft kommen ungesunde Leckereien auf den Tisch. Das ist unter Familienmitgliedern, Freunden und Kollegen sozial vollkommen akzeptabel – mehr noch: Es gehört fest zum Konzept von Hygge.

Süßigkeiten gehören zum Ritual, das den Übergang vom Stress des Arbeitstags zur wohlverdienten Freizeit markiert.

Je geschäftiger wir sind, je mehr Einkaufslisten wir schreiben, Rechnungen wir bezahlen und E-Mails wir beantworten müssen, desto mehr sehnen wir uns nach Hygge. Hygge ist die Antithese zum Hamsterrad. Wir haben uns eine Pause von den Ansprüchen des Arbeitslebens und den Mahnungen der Gesundheitsapostel verdient, deshalb naschen wir in Hygges Namen und haben noch nicht einmal ein schlechtes Gewissen dabei.“

Snickers

Vor ein paar Jahren begegnete ich Michelle Kristensen, einer Expertin für Ernährung und Fitness, die das ganze Land mehrmals die Woche im Frühstücksfernsehen bezaubert. Anfangs war sie nur meine Trainerin für eine Rolle, für die ich in Form kommen musste. Doch dann entdeckten wir, dass wir ein gemeinsames Hobby hatten: gesündere Versionen beliebter Snacks zu entwickeln.

Michelles Snack-Spezialität ist eine gesündere Version von Snickers. Sie schmeckt so lecker, dass ich sie dem Original sogar vorziehe.

Ergibt 14 Riegel

Für die untere Schicht:

250 g Mandeln
150 g Rosinen
4 Datteln (entsteint)

Für die Karamellschicht:

16 Datteln (entsteint)
2 EL Kokosöl
Prise Vanillepulver
2 EL kochendes Wasserr

Für den Überzug

80 g gesalzene Erdnüsse, gehackt
150 g Bitterschokolade (70 % Kakao)

Für die untere Schicht die Mandeln etwa eine Minute lang mit einer Küchenmaschine mahlen, bis sie eine feine Textur haben, und beiseite stellen. Rosinen und Datteln mit der Küchenmaschine zu einer glatten Paste verarbeiten, anschließend die Mandeln hinzufügen und alles gründlich vermengen. Die Masse zwischen zwei Lagen Backpapier legen und mit einem Nudelholz zu einem Quadrat auswalzen, etwa einen Zentimeter dick.

Für die Karamellschicht Datteln, Kokosöl, Vanille und Wasser im Mixer vermengen, bis eine karamellähnliche Masse entsteht. Sie darf nicht zu flüssig sein. Machen Sie den Test: Die Konsistenz stimmt, wenn das Karamell an einem umgedrehten Löffel kleben bleibt. Sollte es noch zu flüssig sein, fügen Sie noch ein paar Datteln hinzu oder stellen das Ganze in den Kühlschrank – beachten Sie aber, dass die Masse schnell fest wird.

Streichen Sie das Karamell auf die untere Schicht und bestreuen Sie es mit den gehackten Erdnüssen. Die Schokolade im Wasserbad schmelzen und über das Karamell gießen. Wenn die Schokoglasur abgekühlt ist, das Ganze in 14 Riegel schneiden und in den Kühlschrank stellen.

Die Riegel können auch eingefroren werden. Mmmh!

Wie man den Esstisch hyggelig macht

- Orientieren Sie sich an *Susi und Strolch:* Hinterhof, ungezwungen, einfach, gutes Essen, eine Kerze und viel Liebe und Nähe.
- Laden Sie Freunde zu sich nach Hause ein und kochen Sie etwas Einfaches oder – noch arbeitssparender – bitten Sie die Gäste, etwas mitzubringen.
- Erstellen Sie Ihr eigenes Rezeptbuch mit Gerichten, die für Sie Hygge bedeuten.

WIE MAN SICH HYGGE NACH HAUSE HOLT

Ich finde drinnen Hygge, wenn draußen die Natur tobt

Der 29-jährige Jakob Nyholm Jessen kaufte eine Bruchbude mit Ratten im Speicher und Schimmel unter den Dielen, weil sie sehr hübsch lag: auf der einen Seite Wald und ein Bächlein, auf der anderen Schafweiden. Er riss die Hütte ab und baute auf dem Grundstück ein Haus für seine Familie.

„Hygge bedeutet für mich die Wärme und Behaglichkeit eines Zuhauses, wenn es draußen kalt und dunkel ist. Ich bin sehr gerne draußen, aber nur weil ich weiß, dass ich jederzeit hineingehen, die Tür hinter mir schließen und die Geborgenheit genießen kann. Hygge liegt im Kontrast, und der Kontrast zwischen drinnen und draußen ist in meinen Augen am größten, wenn ich der Natur ganz nah bin, wenn die Dunkelheit am schwärzesten ist, es keine Straßenlaternen gibt und der Wind um die Baumwipfel pfeift. Ich finde es am hyggeligsten, wenn ich draußen die Elemente wüten höre, sie aber ausschließen kann und ein Feuer entfache, das meiner Familie Wärme und Licht spendet.

Deswegen erfüllte sich für mich ein Traum, als ich ein eigenes Haus für meine Familie bauen konnte, und zwar an einem sehr naturnahen Ort. Ein Zuhause, in dem meine Frau Signe und unsere Kinder Schutz finden, wo sie sich geborgen fühlen, das einen schönen Hintergrund für viele Jahre bilden wird, die jetzt kommen. Hier kann Niels krabbeln lernen und Agnes ihre ersten Wörter lesen. Hier können Signe und ich ein Glas Rotwein genießen, am Holzofen sitzend, die Beine aufs Sofa gelegt.

Meine Vorstellungen von Zuhause sind sehr stark von *Der Hobbit* geprägt, den mir meine Eltern laut vorlasen, als ich noch klein war. Die Häuser der Hobbits wurden als sichere Häfen beschrieben, mit weichen Sesseln, runden Fenstern und großen Lagerhäusern, gefüllt mit den Geschenken guter Freunde. Überhaupt nicht prachtvoll.

Signe und ich planen, eine Karte des Waldes im Wohnzimmer aufzuhängen, in die wir dann unsere Lieblingspfade eintragen. Genau wie Bilbo in *Der Hobbit* es tat. Wir wollen auch einzeichnen, wo wir essbare Pilze gefunden haben, damit wir uns im folgenden Jahr daran erinnern. Ich freue mich schon, wenn der nasse und kalte Winter kommt. Dann legen wir einen Scheit im Holzofen nach, bevor wir einen Spaziergang durch den verschneiten Wald machen, und bei unserer Rückkehr ist das Wohnzimmer warm und gemütlich, und die Kinder können ihre kleinen Finger und Nasen wärmen.“

Jakob Nyholm Jessen

„Als ich mit Signe die Raumaufteilung unseres zukünftigen Zuhauses besprach, waren wir uns einig, dass wir uns eine Wohnküche mit einem Holzofen als Mittelpunkt wünschten. Und es funktioniert prächtig. Während Signe und ich kochen, spielen die Kinder auf dem Wohnzimmerboden. Jeder macht sein eigenes Ding und doch sind wir zusammen. Das Leben spielt sich um den Ofen herum ab".

SIGURD

Ein hyggeliges Zuhause

Ein hyggeliges Zuhause erdet und tröstet uns. Es empfängt uns mit erhebender Atmosphäre und gibt uns das Gefühl, angekommen zu sein. Wegen des unvorhersehbaren Wetters verbringen wir Dänen viel Zeit in den eigenen vier Wänden – entsprechend viel Zeit und Energie investieren wir, um sie möglichst hyggelig zu machen.

„Hygge bedeutet nicht für jedes Zuhause das Gleiche. Ich staune oft, wie viele verschiedene Wohnungen und Stile ich als hyggelig empfinde.

Hygge ist ganz eng mit einem Gefühl der Geborgenheit verbunden. Hygge stellt sich ein, wenn man spürt, dass der Mensch, der dieses Zuhause eingerichtet hat, voll hinter seinen Entscheidungen steht, gleichzeitig aber nicht davor zurückschreckt, nach Intuition zu dekorieren und neue Dinge oder Ideen auszuprobieren.

Ein ‚korrekt' eingerichtetes Haus, in dem jeder Gegenstand und jedes Möbelstück nach einem festen Schema oder einer fixen Formel ausgewählt wurden, fühlt sich meistens nicht hyggelig an. Vielmehr erwächst Hygge aus der Authentizität der Dinge, mit denen man sich umgibt. Ihr Zuhause sollte die Entscheidungen widerspiegeln, die Sie für Ihr Leben und Ihren Alltag getroffen haben. Wenn Sie gerne kochen und Gäste empfangen, wird Hygge wahrscheinlich von Ihrer Küche und dem Esstisch ausstrahlen. Lieben Sie hingegen Kunst, wird Ihre Leidenschaft sich in der Stimmung widerspiegeln, die die von Ihnen zur Schau gestellten Werke ausstrahlen.

Zweifellos lässt sich an der Hygge Ihres Zuhauses auch ablesen, wie viel Zeit und Energie Sie hineingesteckt haben. Man merkt, wie viele Gedanken in die Auswahl von Möbeln, Objekten, Kunstwerken, Blumen, Vorhängen, Krimskrams und so weiter geflossen sind – ein hyggeliges Zuhause spiegelt Ihren Charakter wider, Sie können sich darin entspannen, und Gäste sehen, wer Sie wirklich sind."

Christina B. Kjeldsen,
Herausgeberin und Autorin mehrerer Bücher
über nordisches Wohndesign und nordischen Lifestyle

Dänisches Design

„Ästhetik kitzelt die Sinne und gefällt dem Auge. In einem Zuhause mit schönen Dingen leben wir auf, und die Schönheit sorgt dafür, dass wir unser Eigentum gut behandeln. Schöne Dinge machen Freude, regen die Sinne an und machen unser Zuhause zu etwas Besonderem."

Christina B. Kjeldsen

Design spielt in Dänemark traditionell eine wichtige Rolle. Dänisches Design mit seiner Betonung von Einfachheit und Funktionalität ist auf der ganzen Welt berühmt, man denke nur an Namen wie Arne Jacobsen, Finn Juhl und Poul Henningsen (PH). Auch dänische Designer streben Schönheit und Ästhetik an, die Funktion steht aber immer im Vordergrund. Die Objekte sind als Gebrauchsgegenstände gedacht, nicht als Ausstellungsstücke, die niemand anfassen darf. Ist etwas nur schön, prächtig oder extravagant, nimmt es dem Raum etwas von seiner Entspanntheit und Bodenständigkeit – er wird weniger hyggelig.

„Die PH-Leuchte ist ein gutes Beispiel für gelungenes Design: Sie sieht interessant und modern aus, vor allem aber gibt sie ein exzellentes Licht. Ihre äußere Erscheinung ist kein oberflächlicher Design-Gimmick, der nur auf unnötige Schönheit abzielt, sondern der Funktion geschuldet: gutes Licht zu geben. Die Leuchte ist ehrlich, ihr Äußeres lässt sich nicht von ihrem Inneren trennen. Und wenn dänische Kunden das wissen, dann können sie mit der Schönheit der Leuchte leben."

Jeppe Trolle Linnet,
Hygge-Professor

Brot
und
Freiheit!

EIN RUNDGANG DURCH DIE RÄUME DES HAUSES

Diele

„Durch die Diele geht man nur durch, ein ‚Zwischen-raum', den man schnell vergisst. Dennoch: Er ist der erste Ort, der Sie begrüßt, wenn Sie nach Hause kommen. Finden Sie heraus, was Sie beim Hereinkommen gerne sehen – ein Bild Ihres Lieblingskünstlers, die Farbe Grün, Ihre Hausschuhe, die nur darauf warten, dass Sie hineinschlüpfen und sich wohlfühlen. Achten Sie aber auch auf Ihre praktischen Bedürfnisse. Ein herumliegender Berg von Schuhen und Jacken, der den Blick versperrt und den Bewegungsspielraum einengt, ist weder praktisch noch hyggelig. Überlegen Sie sich funktionale Aufbewahrungslösungen, die den Raum gut nutzen, aber die Aufmerksamkeit nicht auf sich ziehen."

Christina B. Kjeldsen

Strandgade

Küche

„Hygge und Essen gehören in unseren Augen zusammen, deshalb rangiert die Küche auf der Hygge-Skala ganz oben. Die Küche ist als Arbeitsbereich gedacht, doch wenn man nicht gerade leidenschaftlich gern kocht, hat die Gestaltung der Küche oft keine Priorität.

Hygge stellt sich ein, wenn Sie Ihren Interessen folgen. Backen Sie beispielsweise gerne? Dann sollte Ihre Küche Sie genau dazu einladen. Halten Sie alle nötigen Geräte, Zutaten und Rezepte griffbereit, dekorieren Sie den Raum mit Dingen, die Sie inspirieren. Wenn Sie auf frisches Gemüse und Kräuter stehen, dann richten Sie sich Ihre Küche entsprechend ein, mit Basilikum-, Minze- und Koriandertöpfchen am Fensterbrett und Knoblauch, Chilis und Zwiebeln in einer Schüssel auf der Küchentheke.

Chaos ist selten hyggelig, ein wenig kreative Unordnung darf aber durchaus sein. Denn auf Hochglanz polierte Oberflächen und übertriebene Sauberkeit schrecken eher davon ab, die Küche zu benutzen. In vielen Häusern und Wohnungen ist die Küche bereits eingebaut – verleihen Sie der vorgefundenen Küche Persönlichkeit, indem Sie Ihre Lieblingspfannen und -töpfe aufhängen, Teedosen, Küchenwerkzeuge und Gewürze offen verwahren und die Wände mit Ihren Lieblingsbildern dekorieren.

Machen Sie bitte nicht den Fehler, in einem alten Fachwerkhaus eine brandneue Küche zu installieren! Respektieren Sie die Architektur und die Geschichte des Raums, wählen Sie Materialien, Farben und Stil mit Bedacht. Stellen Sie wenn möglich einen kleinen Tisch in eine Küchenecke, an dem Menschen plaudern, abhängen und dem Koch Gesellschaft leisten können. Eine Tasse Tee oder ein Glas Wein in der Küche, quasi hinter den Kulissen, kann eine wunderbar entspannte Abkürzung zu einem Hygge-Moment darstellen.“

Christina B. Kjeldsen

Wohnzimmer

„Das Wohnzimmer ist oft die Hauptattraktion eines Heims. Aus nordischer Sicht spielen Materialien für eine hyggelige Atmosphäre eine wichtige Rolle. Holz, Lampenschirme aus gefaltetem Papier, Keramiken und Steingut gehören zur nordischen Stil-DNS. Wir lieben es, uns mit Licht und heimischen Hölzern zu umgeben – wobei es auch eine lange Tradition mit klassischen Möbeln aus Teakholz gibt, an die sich viele noch aus ihren Kindheitstagen erinnern. Ein solches Element des Wiedererkennens kann dazu beitragen, den Rahmen für Hygge zu definieren und zu schaffen. Es fühlt sich gut an – es ist hyggelig –, wenn wir uns in Gesellschaft alter Möbelstücke wiederfinden, vertrauter Freunde aus Kindheitstagen. Viele Dänen, Norweger und Schweden tragen aufgrund ihrer Designgeschichte dieses geistige Möbelerbe mit sich herum. Das hilft vielen Menschen dabei, ihrem Heim eine hyggelige Atmosphäre zu verleihen.

Wenn Sie auf Ihre eigene Vergangenheit zurückblicken, finden Sie bestimmt ebenfalls Elemente, die Sie auf Ihr neues Zuhause übertragen können. Was bedeutet ‚daheim' für Sie? Das Riesensofa, das damals im elterlichen Wohnzimmer stand? Eine ganz besondere Tapete an der Wand? Oder die geliebte Kommode aus Ihrem Kinderzimmer?"

Christina B. Kjeldsen

Badezimmer

„Holen Sie sich Natur ins Bad – mit Tischchen oder Aufbewahrungsregalen aus Holz, einem Flechtkorb für die Wäsche oder ein paar Grünpflanzen, die Feuchtigkeit lieben. Und gönnen Sie sich einen kleinen Luxus im Alltags, indem Sie einen ganzen Stapel Weichheit vorrätig halten: warme, flauschige Badetücher, die auf Sie warten, wenn Sie aus der Wanne steigen. Achten Sie auf weiches, warmes Licht, und ja, eine Kerze macht sich im Badezimmer so gut wie in jedem anderen Raum. Badezimmer sollen zum Verweilen einladen. Hier kann man einen Augenblick für sich selbst genießen."

Christina B. Kjeldsen

Schlafzimmer

„Der intimste Raum, das Herz eines Zuhauses. Dorthin ziehen wir uns zurück, hier erholen und entblößen wir uns – buchstäblich und bildlich gesprochen. Das Schlafzimmer sollte das widerspiegeln, es muss also behaglich sein, richtig behaglich. Wie Sie hier Atmosphäre und Hygge schaffen, hängt eindeutig von Ihrem Typ ab. Wirkt etwa die Farbe Blau beruhigend auf Sie, könnte das eine gute Farbe für Bettwäsche und Raumtextilien sein. Man verleiht einem Raum auch Charakter und Tiefe, indem man eine Wand farbig streicht. Besitzen Sie Kunstwerke, Fotos oder Drucke, die Sie süß träumen lassen? Die gehören an die Wände.

Erleichtern Sie sich Ihre täglichen Routinen: Richten Sie einen Ablageort für Bücher, ein Wasserglas oder Ihren Schmuck ein, stellen Sie einen Spiegel auf und so weiter. Wenn Ihnen Ordnung wichtig ist, wird eine saubere Aufbewahrungslösung viel zu Ihrem Wohlbefinden beitragen, für alle anderen tut es vielleicht auch ein hübscher Stuhl, über den man seine Kleidung hängt. Hygge stellt sich ein, wenn ein Raum authentisch ist – folgen Sie bei der Dekoration des Heims also Ihrem Herzen, speziell in diesem Raum, in dem Sie ganz Sie selbst sind.“

Christina B. Kjeldsen

INSPIRIERENDE TIPPS UND BEISPIELE FÜR IHRE UMSETZUNG

Pflanzen

„Je mehr, desto besser – in Sachen Grünpflanzen ist das eine gute Richtschnur. Eine Anhäufung von Pflanzen wirkt besser als eine Topfpflanze hier und eine Topfpflanze dort. Schaffen Sie eine grüne Ecke, reservieren Sie zum Beispiel ein Tischchen allein für Pflanzen, stellen Sie weitere Pflanzen daneben und hängen Sie eine Blumenampel darüber. Auf diese Weise schaffen Sie einen wilden Grünbereich in Ihrem Zuhause, in dem die Pflanzen regieren."

Christina B. Kjeldsen

Auf einer Wiese gepflückte Blümchen oder Blütenzweige vom eigenen Apfelbaum können eine Ecke zum Erblühen bringen. Oder Sie stellen ganz einfach Baumwollzweige mit hübschen, flauschigen Knospen auf, die halten sich auch ohne Pflege jahrelang.

Nischen

Richten Sie in Ihrem Haus Ladestationen ein – nicht nur für Handy und Computer, sondern für sich selbst und Ihre Familie. Nischen geben ein Gefühl von Geborgenheit und sind tolle Orte zum Auftanken. Stellen Sie einen Lehnstuhl in eine Ecke, dazu ein paar Kissen und eine Decke, daneben ein Beistelltischchen und eine Lampe, und genießen Sie bei einer Tasse Tee ein gutes Buch.

Geschenke und Erbstücke

Manchmal nehmen wir die Dinge, die uns umgeben, kaum wahr. Doch wenn wir sie genauer betrachten, erzählen sie Geschichten von uns oder sie erinnern uns an besondere Augenblicke mit lieben Menschen. Wer Geschenke und Erbstücke in Ehren hält, ehrt auch die Geschichte, die in ihnen steckt.

Beleuchtung

Wir Menschen des Nordens lassen so viel Tageslicht wie nur irgend möglich in unsere Häuser, doch aufgrund unserer Lage brauchen wir auch sechs bis acht Monate im Jahr tagsüber künstliches Licht. Deshalb spielt es eine wichtige Rolle, mit welchen Lampen und Leuchten wir uns umgeben. Der dänische Lichtarchitekt Asger Bay Christiansen erklärt, Licht sei essenziell für unser Wohlergehen. Hier seine zwei besten Tricks für eine hyggelige Beleuchtung:

„**Verwenden Sie als Lichtquelle Glühbirnen oder Leuchtdioden, die warmes Licht spenden.** Beleuchtung sorgt für Hygge, wenn sie mithilft, dass wir uns entspannen und uns geborgen und zufrieden fühlen. Da wir in einem kalten Land leben, bedeutet warmes Licht Hygge. Die Farbtemperatur von Licht wird in Kelvin angegeben. Licht mit 2700 Kelvin etwa hat einen gelb-orangen Ton und wirkt warm, weswegen ich und wohl die meisten Dänen es als hyggelig empfinden.

Schaffen Sie kleine Lichtinseln: Hängen Sie selbst in kleinen Räumen mindestens zwei Lampen auf. Schalten Sie die große Deckenlampe aus und hüllen Sie ausgewählte Punkte des Raumes in warmes Licht. Installieren Sie eine gut abgeschirmte Hängelampe über dem Tisch, sodass ihr Licht nicht in den Raum hinein scheint, sondern auf den Tisch konzentriert bleibt. Machen Sie das Gleiche über dem Couchtisch und über den Büchern im Regal. Mit einem Dimmer lässt sich die Helligkeit an verschiedene Bedürfnisse und Stimmungen anpassen.“

Kerzen

„Eines weiß ich genau: Zwei Dinge dürfen einem Dänen nie ausgehen – Toilettenpapier und Kerzen. Gottlob bekommt man beides noch im kleinsten Laden.“

Roger Beale, ein in Dänemark lebender Brite

Niemand in der EU verbrennt so viel Stearin wie die Dänen: Jeder Däne verbraucht jährlich 5,79 Kilo Kerzen.

„Wenn ich am Abend von der Arbeit heimkehre, zünde ich als Erstes eine Kerze an. Sie erinnert mich daran, dass es jetzt Zeit ist, runterzukommen und mich zu entspannen. Auch auf Reisen nehme ich immer Kerzen mit, dann kann ich es mir hyggelig machen, egal wo ich bin oder in welchem Hotel ich schlafe.“

Tilde Vengsgaard, Randers

Bücher

Nicht nur in den Büchern stehen Geschichten, oft erzählt auch ihr Äußeres etwas Spannendes darüber, wo sie herkommen und wo sie schon überall waren. Bücher verraten einiges über unsere Persönlichkeit – alte Bücher, die man von den Eltern oder Großeltern geerbt hat, Bücher, die man aus einem Urlaub mitgebracht hat, Lieblingsbücher, Kinderbücher von damals oder Bücher, die man zum ersten Mal las, als man gerade frisch verliebt war.

Wiederverwendetes

Verwenden Sie alte Paletten weiter. Säubern Sie ein benutztes Konservenglas und benutzen Sie es als Trinkglas oder als Vase für Blumen, die Sie am Wegesrand gepflückt haben. Verwenden Sie Apfelkisten zur Aufbewahrung von Büchern oder als Tischchen. Alte Rohre können Sie zu Kleiderständern umfunktionieren.

Musik

„Die Auffassungen über Hygge-Musik sind oft falsch. Viele Menschen glauben, man bräuchte kitschige Musik im Stil der Siebzigerjahre, ohne allzu viel Tiefe. Doch das stimmt nicht.

Hygge ist das weiche, warme Gefühl von Seelenfrieden, Geselligkeit und ungestörter Präsenz. Hygge ist etwas sehr Subtiles, das tausend verschiedene Formen annehmen kann, doch im Zentrum stehen immer Geselligkeit und Präsenz. Die folgenden zehn Tracks haben musikalische Tiefe und versetzen Sie automatisch, wenn auch auf subtile Weise, in hyggelige Stimmung. Sie eignen sich ideal für gesellige Augenblicke mit anderen Menschen. Setzen Sie sich nahe zusammen – und das lange.“

Morten Lindberg alias Master Fatman,
dänischer DJ und legendärer Radiomoderator

Die Hygge-Playlist – von Master Fatman

1.
I'm Still In Love With You / Marcia Aitken

2.
As She Walked Away / Brother Jack McDuff

3.
Lua, Lua, Lua, Lua / Gal Costa

4.
What Are You Doing The Rest Of Your Life? / Bill Evans

5.
Besoka On Salsa / Manu Dibango

6.
Samba Saravah / Pierre Barouh

7.
The Sewing Machine / The Sea and Cake

8.
O Rio Para Trás / Celso Fonseca

9.
I Wish You Love / Blossom Dearie

10.
Ain't No Sunshine / Sivuca

Souvenirs

Auch Dinge, die wir von unseren Reisen mitbringen, verleihen unserem Zuhause Geschichte. Es dürfen durchaus nützliche Gegenstände sein, etwa eine Pastamaschine aus dem Sizilienurlaub, hölzernes Salatbesteck von einem südfranzösischen Markt oder ein Seifenspender aus isländischem Vulkangestein. Keine Angst vor Klischees: Wenn ein Miniatur-Eiffelturm Sie immer an eine unvergessliche Parisreise erinnern wird, dann kaufen Sie ihn doch und stellen ihn an einem prominenten Ort auf.

Mix and Match

Altes und Neues miteinander verbinden – das hilft beim Ausbalancieren der Einrichtung. Kombinieren Sie die geerbte alte Kommode mit einer coolen brandneuen Leuchte oder einen Stuhl vom Flohmarkt mit einem Bild, das Ihr Freund für Sie gemalt hat.

Arbeitsplatz

Wir verbringen viel Zeit am Arbeitsplatz, warum sollten wir ihn dann nicht hyggelig gestalten? Schließlich kann man auch außerhalb der eigenen vier Wände für Hygge sorgen. Die Ideen dieses Kapitels lassen sich durchaus auch auf den Arbeitsplatz übertragen. Gestalten Sie ihn so, dass Sie auf angenehme Art Ihr Bestes leisten.

Persönlichkeit – Individualisieren Sie Ihren Arbeitsplatz, etwa mit einem Moodboard, an das Sie Fotos aus einem herrlichen Urlaub pinnen oder Postkarten mit Motiven von Hammershøj oder Monet oder eine Zeichnung Ihrer Nichte oder einen Zeitungscomic, der Sie zum Kichern bringt.

Ordnung – Verschaffen Sie sich Bewegungsfreiheit, indem Sie überflüssige Unterlagen wegwerfen und den Rest gut verräumen. Besorgen Sie Kisten in lebendigen Farben und mit lebhaften Mustern und verwenden Sie eine alte Porzellanvase als Aufbewahrung für Stifte weiter.

Flow – Eine gute Beleuchtung und Leben auf dem Schreibtisch unterstützen den Arbeitsfluss. Sorgen Sie dafür, dass direktes Licht auf Ihren Tisch und Ihre Papiere fällt, ohne den Rest des Raums zu erhellen. Umgeben Sie sich mit Kerzen und frischen Blumen oder Grünpflanzen. Und halten Sie immer Ihre Lieblingstasse in Griffweite, die Sie zu genüsslichen Pausen mit Ihren Kollegen ermuntern soll.

VERNER PANTON
PASSAGE
Irving Penn

Hygge und Ehrlichkeit in Michelin-Sphären

Die dänischen Inneneinrichter Signe Bindslev Henriksen und Peter Bundgaard Rützou arbeiten mit Licht, Materialien und Farben, um in einigen der angesagtesten Restaurants des Landes eine hyggelige Atmosphäre zu schaffen. Anhand ihrer Arbeit im Noma, einem inzwischen weltberühmten Restaurant für nordisches Essen, erklären sie, wie sie für Hygge sorgen:

> „Hygge ist von komplexer Natur. Eine hyggelige Atmosphäre zu schaffen bedeutet, dem Gast zu vermitteln, dass er hierher gehört. Der Gast soll sich geborgen und in gewissem Umfang anerkannt fühlen.
>
> Als wir das Projekt Noma angingen, gab uns der Chefkoch und Mitbesitzer des Hauses, René Redzepi, nur eine Vorgabe: Er wollte keinen künstlichen, konzeptionellen Filter zwischen dem Gast und dem Erlebnis Essen. Er wollte Ehrlichkeit und Unmittelbarkeit – keine Gimmicks, keine Schnörkel. So machten wir es uns zur Aufgabe, Ästhetik und Funktion möglichst nahtlos zu verschmelzen.“

Materialien

„Als Allererstes legen wir bei all unseren Projekten die Palette der zu verwendenden Materialien fest. Wir hatten schon immer eine tiefgehende Leidenschaft für natürliche Materialien, also Holz, Stein, Wolle, Leinen, Leder, Metall und so weiter. Diese wollten wir auch im Noma einsetzen, weil wir fanden, sie passten perfekt zur Philosophie René Redzepis und der Noma-Küche. Das Tolle an natürlichen Materialien ist: Wenn man sie richtig behandelt, altern sie sehr schön. Wie sie die Geschichte ihrer Verwendung erzählen, ist das beste Beispiel dafür, wie man Seele, Authentizität, Bindung und Geborgenheit schafft – Dinge, die unserer Ansicht nach ganz eng mit Hygge verbunden sind.“

Signe Bindslev Henriksen und Peter Bundgaard Rützou

Beleuchtung

„In erster Linie wollten wir das Licht von draußen hereinlassen – solange es seinem Zweck dient. Deshalb installierten wir sowohl feine Gardinen als auch dickere Vorhänge, um dem Personal die Möglichkeit zu geben, den Lichteinfall anzupassen. Insgesamt stellten wir uns eine schwache Beleuchtung vor, die eine intensive, weiche Atmosphäre schaffen sollte. Deswegen entschieden wir uns für eine einfache Deckenbeleuchtung mit weichem Licht, das sich fast vollständig herunterdimmen lässt. Damit schufen wir ein Gefühl der Behaglichkeit – niemand muss sich entblößt fühlen.

Außerdem lieben wir den Effekt von Kerzen und Öllampen. Deswegen setzen wir sie im Noma an verschiedenen Stellen ein.“

Farben

„Die Farben im Raum stammen in allererster Linie von den Materialien. Uns gefällt, dass die Farbe eines organischen Stoffs viel von seiner Geschichte erzählt: Sie verrät, welchen Prozess er durchlaufen hat, wie er behandelt wurde und woher er stammt. Gleichzeitig wird die Farbe eines natürlichen Werkstoffs durch seine grundlegenden Eigenschaften ergänzt, durch Textur, Muster und Tiefe. Wir halten es auch für wichtig, uns immer vor Augen zu halten, dass der Raum, nachdem wir unseren Teil der Arbeit erfüllt haben, noch viele weitere Elemente aufnehmen muss, bevor er vollständig ist – die Schönheit all des farbenfrohen Essens, das ja das Haupterlebnis sein soll, und all die Menschen, die den Raum bevölkern. Deshalb halten wir die Farbtöne gern unaufdringlich, kreidig und staubig.“

Signe Bindslev Henriksen und Peter Bundgaard Rützou

Offene Küche

„Die offene Küche bringt alle näher zusammen, sie vermittelt ein Gefühl von Intimität und Heimeligkeit. Nicht nur die Gäste können die Köche und die hübsche Szenerie von Essen und Küche sehen, umgekehrt sollen die Energie im Gastraum und die Reaktion der Gäste auf die Speisen die Köche anspornen."

Signe Bindslev Henriksen und Peter Bundgaard Rützou

Ihr Beruf ist es, Atmosphäre zu schaffen

Als Bühnenbildnerin ist es Mia Stensgaards Aufgabe, Räume mit einer bestimmten Atmosphäre zu schaffen: kühle Räume, verbindende Räume, hyggelige Räume. Sie war für das Bühnenbild der ausgezeichneten Fernsehserie *Arvingerne (Die Erbschaft)* sowie der absurden Filmkomödie *Mænd og Høns (Men & Chicken)* verantwortlich. Anhand dieser zwei Produktionen erklärt Mia Stensgaard, wie sie eine Atmosphäre von Hygge schafft.

Foto aus Die Erbschaft von Per Arnesen

„Ein Morgenmantel ist ein sehr intimes Kleidungsstück, das man im häuslichen Kontext trägt, wenn man sich geborgen fühlt. Im Morgenmantel ist man insofern verletzlich, als man noch nicht bereit ist, der Welt da draußen ins Auge zu sehen. Deswegen bekommen dich nur die Menschen, die dir am nächsten stehen, im Morgenmantel zu Gesicht.

Der rosa Morgenmantel kommt in den meisten Staffeln von *Die Erbschaft* vor. Er gehörte der Mutter der Hauptfiguren, und in der ersten und zweiten Staffel tragen die Kinder ihn abwechselnd. Das zeigt, dass sie trotz aller Intrigen, Gemeinheiten und Feindschaft auch etwas verbindet.

Die jüngste Tochter der Familie, Signe, hat viele Jahre nicht zur Familie gehört, weil sie als kleines Kind zur Adoption freigegeben wurde. In diesem Foto aus der zweiten Staffel trägt sie den Morgenmantel, und für mich war das die hyggeligste Art zu zeigen, dass sie als vollwertiges Mitglied der Familie aufgenommen worden war."

Mia Stensgaard

Foto aus Men & Chicken von Rolf Konow

„Ich gehe von der Annahme aus, dass Hygge sich an Orten breitmacht, die dich einladen, ohne dir das Gefühl zu vermitteln, du müsstest dich auf eine bestimmte Art verhalten. In einem Raum, in dem man sofort Angst bekommt, man könnte auf dem frisch polierten Glastisch Fingerabdrücke hinterlassen, tut Hygge sich schwer.

Doch ein Rotweinfleck an der Wand oder ein Sprung im Fußboden zeigen an, dass hier gelebt wird, mitsamt den kleinen Unfällen, die dazugehören. Hier darf man sich fallen lassen, entspannen, es sich gemütlich machen – und wenn man was kaputt macht, lässt es sich einfach wieder reparieren.

Solche Räume schuf ich für die Komödie *Men & Chicken.*“

Mia Stensgaard

Foto aus Die Erbschaft von Martin Lehmann

„Für mich bedeutet Hygge Gemeinschaft. Wenn ich einen Raum schaffe, in dem sich Hygge einstellen kann, statte ich ihn oft mit sichtbaren Hinweisen auf eine Gemeinschaft aus.

Das geflügelte Treibholz an der Wand ist ein Geschenk, das die Hauptfiguren der Serie als Kinder ihrer Mama gebastelt haben. Geschenke wie dieses finden sich im ganzen Haus und verraten uns, dass das Haus einst ein Lebensraum für eine Familie war, mit Platz sowohl für Kinder als auch für Kunst.

Das Treibholz-Kunstwerk hat übrigens einen persönlichen Hintergrund: Mein Vater und mein Sohn haben es gemeinsam gebastelt.

Ich wuchs in den Siebzigerjahren als Kind zweier Kunstlehrer auf, und das Konzept, Formen zu finden, war ein wichtiger Teil ihrer Lehre. Das geflügelte Treibholz ist ein gutes Beispiel dafür: Wenn man genau hinsieht, findet man verschiedene Komponenten in der Natur, die alle Dinge für sich sind, aber zu etwas Neuem werden, wenn man sie miteinander kombiniert.“

Mia Stensgaard

Foto aus Die Erbschaft von Mia Stensgaard

„Das Zuhause der Mutter ist das Heim einer Künstlerin, und die Szenerie sollte sich ein wenig anfühlen, als befände man sich in der Werkstatt des Weihnachtsmanns. Hier entsteht mitten im Wohnzimmer ein Kunstwerk, während das Alltagsleben sich drum herum abspielt. Damit zeige ich, dass in diesem Haus Wünsche, Ideen, häusliche Arbeit und allgemeines Leben verschmelzen.

Jenseits dieses Rahmens steht ein Esstisch mit vielen Stühlen. Zwei der Stühle unterscheiden sich von den anderen, sie wirken, als gehörten sie in ein anderes Zimmer, seien aber hergeholt worden, um Sitzgelegenheiten für weitere Gäste zu schaffen. Sie signalisieren: Hier findet sich ein Plätzchen für jeden. Keine Rede davon, dass bei sechs Leuten Schluss ist, weil es nur sechs gleiche Stühle gibt. Auch hier sind Atmosphäre und Gesellschaft wichtiger als Ästhetik, Ordnung oder Konventionen.

Auch privat stelle ich fest, dass sich Hygge am ehesten einstellt, wenn ich es wage, die Zügel zu lockern und ein wenig Unordnung zuzulassen. In Dänemark laden wir sehr gerne Menschen zu uns ein. Die pure Hygge stellt sich bei mir ein, wenn ich es als Gastgeberin schaffe, mich locker zu machen, und ein paar Gästen erlaube, früher zu kommen und bei den Vorbereitungen zu helfen. Auch die After-Party finde ich gelegentlich hyggeliger als das eigentliche Ereignis: Während des Abendessens versuchen Gäste und Gastgeber oft, sich ‚korrekt' zu benehmen und unausgesprochene Erwartungen zu erfüllen. Aber vorher und hinterher – das ist pures Gold. Während der Vorbereitungen sitzen wir um den Küchentisch herum, zwanzig Leute, obwohl eigentlich nur Platz für acht ist. Und auf der After-Party lachen wir uns kaputt, weil einer der Gäste ein blaues Auge davongetragen oder sich Hals über Kopf verliebt hat, und nichts davon war vorgesehen, doch es ist passiert."

Mia Stensgaard

MIT HYGGE DURCH DAS JAHR

„Ich assoziiere Hygge sowohl mit Licht als auch mit Finsternis. In den stockdunklen Wintermonaten spielt sich alles drinnen ab, folglich muss man sein Zuhause hyggelig machen. Man schart sich um den Kamin, in Decken gehüllt und von Kerzen umgeben, kuschelt sich aneinander und schließt die Vorhänge zum Schutz vor der Nacht da draußen. Kommt das Licht dann im Februar, März, April langsam wieder, wagt man sich aus seiner Höhle, trinkt an einem schönen Frühlingsabend ein Bier im Freien. Man bibbert dabei zwar ein wenig, bleibt aber trotzdem sitzen, und der Abend ist auf merkwürdige Weise herrlich hyggelig. Man trotzt gemeinsam der Kälte und fühlt sich als Sieger: Wir haben es wieder einmal geschafft!

Kommt dann der Sommer mit seinen endlosen Juni- und Julitagen, wandert Hygge an die Küste: Familien fahren hinaus und zelten hinter umgedrehten Booten am Strand, man trifft Freunde wieder, die man den Winter über nicht gesehen hat, und plaudert darüber, was sich seit letztem Jahr getan hat. Man liest im Sonnenstuhl Bücher und spaziert gemütlich durch die Gegend – bis es zu regnen beginnt und man sich ins Haus zurückzieht, Obstkuchen bäckt und Donald-Duck-Comics liest. Kaum blitzt die Sonne wieder durch, zieht man wieder auf die Terrasse, nimmt dort ein Mittagessen mit Roggenbrot und Bier zu sich und geht dann zum Strand, um die wenigen Tage im Jahr auszunutzen, an denen man angeln, baden und sich sonnen kann. Ich kenne nichts Wunderbareres und Hyggeligeres als dieses Strandleben, und das Gemeinschaftsgefühl, das sich aus der reinen Sommereuphorie ergibt, nehme ich für den ganzen Winter unter meine Decken mit.“

Amalie Laulund Trudsø

Hygge-Aktivitäten im Wechsel der Jahreszeiten

So wie das Wetter sich im Laufe des Jahres dramatisch ändert, ändert sich auch der Charakter von Hygge über die Monate hinweg.

Frühling

Wenn der Winter mich länger als die erwarteten drei Monate im Griff gehabt hat und ich brav Kerzen angezündet und in meinen vier Wänden der Kälte getrotzt habe, dann freue ich mich umso mehr über den Anblick des ersten Schneeglöckchens, das erste Anzeichen dafür, dass Frühling und Licht wiederkehren.

In dieser schönen Jahreszeit drängt es mich nach draußen, nachdem ich monatelang in meiner Höhle Hygge gesucht habe. Der Frühling lockt mit seinen Blumen, den grünen Knospen an den Bäumen und der Verheißung eines Neuanfangs. Die Natur blüht auf – ebenso wie die Stimmung der meisten Menschen.

In dieser Jahreszeit bedeutet Hygge für mich, wieder nach draußen zu gehen: eine Tasse Kaffee in der Sonne zu trinken, Schneeglöckchen und Windröschen zu pflücken und in eine Vase zu stellen und die zweiwöchige, ungeheuer schöne Kirschblüte im April zu genießen.

Diese Jahreszeit hat auch einige ganz besondere Traditionen, zum Beispiel die der Gække-Briefe …

Gække-Briefe – geheime Schneeglöckchen-Briefe

Einen Monat vor Ostern versenden Freunde und Verwandte Briefchen aneinander, die nur mit Strichen signiert sind: ein Strich für jeden Buchstaben des Absendernamens. Errät der Empfänger nicht, von wem der Brief kam, schuldet er dem Absender ein Schokoladenei. Dieser alte dänische Brauch lässt sich bis ins 18. Jahrhundert zurückverfolgen, als Liebende sich Scherenschnitte schickten.

So macht man einen Gække-Brief

Nehmen Sie ein Blatt Papier, falten Sie die obere Seite so nach unten, dass ein Quadrat entsteht, und schneiden Sie den überschüssigen Teil des Blatts ab. Dann legen Sie die Ecken aufeinander, sodass ein Dreieck entsteht. Falten Sie dieses Dreieck noch zwei Mal zu einem kleineren Dreieck. Nun runden Sie den oberen Teil des Dreiecks ab, um einen runden Brief zu bekommen. Jetzt ist Kreativität gefragt: Machen Sie auf beiden Seiten des Dreiecks Einschnitte.

Falten Sie den Brief anschließend auf. Schreiben Sie Ihr Gedicht nieder – und vergessen Sie nicht, mit Strichen zu unterschreiben. Stecken Sie den Brief zusammen mit einem getrockneten Schneeglöckchen in einen Umschlag und schicken Sie ihn ab. (Keinen Absender angeben!)

Gedicht für den Brief:

Schneeglöckchen, Schneeglöckchen so fein,
Wahres Omen und göttliche Hoffnung mein.
Nach langem Winter sah ich durch den Schnee sie blitzen,
Des holden Frühlings erste Spitzen.
Errate meinen Namen, dein Lohn:
Ein Schokoei, du schaffst das schon.
Jeder Strich – du wirst ihn ahnen
Ist ein Buchstabe in meinem Namen.

Sommer

Sommerzeit ist Urlaubszeit, Sandalenzeit, Zeit für Geselligkeit. Zeit für lange Frühstücke auf der Terrasse, Zeit zum Grillen oder für Lagerfeuer während der langen, hellen Sommernächte.

Zu Sommer-Hygge gehört auch das Einmachen, das Aufbewahren all der tollen Aromen der Jahreszeit, sodass man später auch im tiefsten Winter den Sommer schmecken kann. Wir legen Tomaten und Zwiebeln ein, machen Marmelade aus Früchten und Beeren – und diesen wunderbaren Holunderblütensirup.

Sommer im Glas – Holunder-blütensirup

Ein Glas Holunderlimonade ist immer eine Leckerei für erwartete oder unerwartete Gäste: selbst gemacht und erfrischend. Einfach den Sirup mit stillem oder kohlensäurehaltigem Wasser mischen – oder auch gerne mal mit Prosecco. Sie können ihn im Kühlschrank aufbewahren oder in Flaschen abgefüllt verschenken.

Das Tolle an Holunderblüten ist, dass sie wild wachsen und man auf eine kleine Expedition gehen muss, um sie zu sammeln. Die Blüten am besten mit einer Schere abschneiden. Nehmen Sie frische weiße Blüten, keine, die schon braun werden. Sonst schmeckt der Sirup nicht so gut.

Ergibt etwa 1,5 Liter

20–30 Holunderblüten
2 Bio-Zitronen
2 EL Zitronensäure (keine Sorge, wenn Sie keine haben: Die Säure dient der Konservierung; fehlt sie, müssen Sie den Sirup lediglich innerhalb einer Woche aufbrauchen)
650 g Zucker (oder auch Rohrzucker)
1,2 l kochendes Wasser

Die Blüten waschen und in einen großen Topf oder eine Schüssel mit Deckel legen. Die Zitronen waschen und in Scheiben schneiden. In den Topf geben. Zitronensäure und Zucker mischen und in kochendem Wasser auflösen. Diese Mischung über die Blüten und Zitronen gießen, das Ganze fest verschließen und vier Tage im Kühlschrank ziehen lassen.

Den Holunderblütensirup durch ein Sieb abgießen und in saubere, sterilisierte Flaschen abfüllen. Mit Wasser oder Wein mischen und genießen.

Tipp:
Füllen Sie den Sirup in Eiswürfelbeutel und frieren Sie ihn ein. Ein oder zwei dieser Würfel in stilles oder sprudelndes Wasser geben – eine tolle Art, an einem heißen Sommertag (oder an einem beliebigen anderen Tag, an dem man sich nach Sommer sehnt) im Nu eiskalte Holunderlimonade herzustellen.

Herbst

Ab Ende September bereite ich mich schon wieder auf die Winterschlafzeit vor. Ich überprüfe meine Kerzenvorräte und hole die Wollpullover aus dem obersten Schrankfach. Der Herbst ist mir die liebste Jahreszeit. Zu meinen herbstlichen Lieblingsbeschäftigungen gehört es, an einem hellen, blauen Oktobertag durch den Wald zu gehen, die herrlichen rot-braun-orangen Bäume zu bewundern und das trockene Laub mit den Füßen aufzuwirbeln. Wenn dann der Abend kommt und die Dunkelheit hereinbricht, ziehe ich mich wieder in meine warme Höhle zurück, wo ich endlich wieder ohne schlechtes Gewissen kleine persönliche Projekte verfolgen, ein Buch lesen und Essen stundenlang auf dem Herd köcheln lassen kann.

Die drei wichtigsten Punkte für gelungene Hygge zu Hause: Raum für Gäste, warme Beleuchtung und ein kleiner Snack. Die folgenden Projekte helfen Ihnen dabei, Herbst-Hygge zu sich nach Hause zu bringen. Die Ideen dafür stammen von den drei Mädchen hinter dem dänischen Heimwerker-Buch *Homesick*. Vielen Dank dafür!

Eine individuelle Schale aus Hobby Clay

Hobby Clay ist eine günstige und leicht zu bearbeitende Modelliermasse, die wie Ton aussieht, aber nicht gebrannt werden muss. Sie trocknet an der Luft. Die Unregelmäßigkeit der handgefertigten Schalen macht ihren besonderen Charme aus. Sie können Ihre einzigartige Schale zur Dekoration verwenden, als Aufbewahrungsort für Schmuck oder Schlüssel. Oder Sie überziehen sie mit umweltfreundlichem Lack und servieren in der Schale Marshmallows und andere Knabbereien.

Das brauchen Sie:

Hobby Clay
Wasser
Pinsel
feines Schleifpapier
Lack (lebensmittelecht)

Einen Klumpen Modelliermasse zu einem Ball formen. Gut eignet sich weißer Hobby Clay wegen seiner hübschen, natürlichen Farbe. Die Masse glätten und von der Mitte her formen. Mit dem Daumen herausziehen, bis die gewünschte Form entstanden ist. Arbeiten Sie mit den Fingerspitzen so sanft wie möglich, wenn die Schale eine dünne Wand bekommen soll. Zum Schluss benetzen Sie Ihre Fingerspitzen mit Wasser und streichen damit über die fertige Schale. So glätten Sie die Oberflächen, runden Kanten ab und verwischen Fingerabdrücke.

Lassen Sie die Schale an der Luft trocknen – das dauert je nach Ton und Stärke der Schale ein bis zwei Tage. Immer die Anweisungen auf der Packung befolgen!

Sie können die Schale lassen, wie sie ist, oder die Kanten mit feinem Schleifpapier abrunden. Bei Farben und Mustern für die Dekoration dürfen Sie Ihrer Fantasie freien Lauf lassen. Tragen Sie lebensmittelechten Lack auf, wenn Sie die Schale für Lebensmittel verwenden wollen. Füllen Sie Ihre Lieblingsknabbereien in die Schale und genießen Sie einen hyggeligen Abend auf der Couch.

Rustik
BordpladeOlie

HELMUT NEWTON

Selbst gemachter Tisch

Es ist ganz einfach, einen Tisch aus Brettern selbst zu basteln – und sehr budgetfreundlich. Unser Tisch misst 90 × 165 cm und eignet sich für vier Leute, aber Sie dürfen die Größe natürlich an Ihre Bedürfnisse anpassen. Suchen Sie nach alten Brettern mit dunklen Aststellen, Kerben, Rissen – nehmen Sie Bretter mit Charakter, dann wird das Ergebnis besonders schön.

Das brauchen Sie:

8 Bretter für die Tischplatte
1 Extrabrett, das quer über die 8 Bretter kommt und sie zusammenhält
Säge
Maßband
Flachwinkel
Bleistift
32 Holzschrauben mit Senkkopf
Akkuschrauber
Schleifpapier, fein und grob (oder einen Sandstrahler)
Pinsel
Holzbeize
2 Tischböcke

Die acht Bretter abmessen und auf eine einheitliche Länge kürzen. Das Extrabrett in zwei Stücke sägen, die ein wenig schmaler sind als die Tischbreite, aber über alle Bretter gehen. Die Bretter erst mit grobem Schleifpapier abschleifen, dann mit feinem (oder mit einem Sandstrahlgebläse). Sie müssen alle Oberflächen abschleifen, insbesondere die an den Rändern der Tischplatte.

Als Nächstes die Bretter mit der Oberseite nach unten nebeneinander legen und ausrichten. Nun die Querbretter an den Tischenden über die anderen Bretter legen und festschrauben. Verwenden Sie dafür Schrauben, die lang genug sind, um beide Bretter fest zu verbinden, aber nicht so lang, dass sie oben wieder durch die Tischplatte kommen. Drücken Sie die Längsbretter möglichst fest aneinander, damit keine Spalten auf der Tischplatte entstehen. Dann die Oberseite des Tisches mit dem Staubsauger säubern und anschließend mit einem feuchten Tuch abwischen.

Jetzt können Sie die Bretter beizen. Wir haben graue Beize verwendet, um einen rustikalen Look zu erzeugen. Beim Beizen immer die Anleitung befolgen und die empfohlene Zeit für die Trocknung einhalten.

Wenn die Tischplatte vollständig getrocknet ist, können Sie sie auf zwei Tischböcke legen (die bekommen Sie beispielsweise bei Ikea). Die Platte kann einfach auf den beiden Böcken liegen, doch sicherheitshalber haben wir unsere festgeschraubt.

Winter

Die schönste Zeit des Jahres, um mit Familie und Freunden auf der Couch zu lümmeln, fernzusehen, Spiele zu spielen, zu lesen, zu reden, lang geköcheltes Essen zu genießen und Kerzen anzuzünden. Dies ist auch die Jahreszeit, um Weihnachtsdeko zu basteln, zu backen, sich bei Glühwein und Plätzchen zu treffen und am 13. Dezember das Lichterfest zu feiern, wenn Chöre mit Kerzen umherlaufen und das Luzia-Lied singen.

Eine hübsche, selbst gemachte Lichterkette sorgt dafür, dass die gute Stimmung auch nach Weihnachten noch anhält.

EPAL

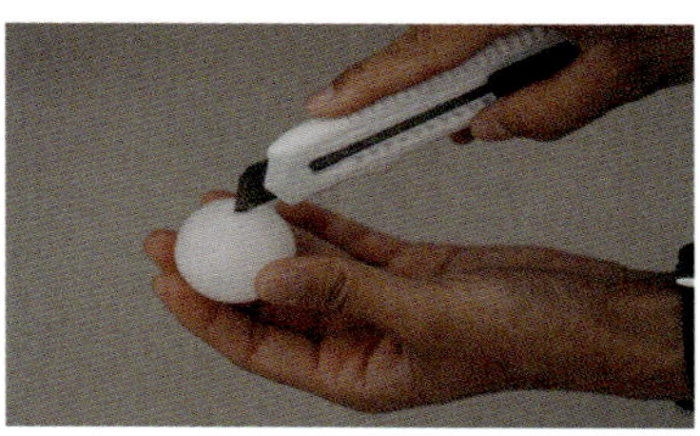

HYGGE-LICHTERKETTE

Lichterketten geben sanftes Licht und sorgen für eine hyggelige Atmosphäre. Bei diesem Projekt peppten wir eine gewöhnliche, langweilige Lichterkette ganz einfach mit Tischtennisbällen auf, um ein noch weicheres Licht zu erhalten. Die Lichterkette sorgt für Hygge und eine nette Atmosphäre, egal wo man sie aufhängt – drinnen oder draußen, in der Lieblingsecke oder um das Terrassengeländer.

Das brauchen Sie:

Kette mit Lämpchen (LED, damit die Birnen nicht überhitzen)
Tischtennisbälle (so viele, wie die Kette Lämpchen hat)
Tapeziermesser

Machen Sie einen Schnitt in jeden Tischtennisball, aber nicht über die Naht (die könnte brechen).

Drücken Sie die einzelnen Lämpchen fest durch die Einschnitte in die Tischtennisbälle. Glätten Sie nach Möglichkeit alle Beulen und Druckstellen wieder, die beim Hineindrücken entstanden sind. Schon fertig!

Traditionen

Sei es, dass man immer die gleichen Freunde zu Silvester einlädt oder den Geburtstag Jahr für Jahr im Garten feiert: Traditionen wecken Erinnerungen und stärken menschliche Bindungen.

Eine Freundin von mir lädt jedes Jahr am 2. Februar all ihre Freunde zur Kyndelmisse (wörtlich: Kerzenmesse, Mariä Lichtmess) ein. Bei dieser fast schon in Vergessenheit geratenen dänischen Tradition zündet man Kerzen an, um zu feiern, dass die Hälfte des Winters geschafft ist. Wir treffen uns am Spätnachmittag und backen zusammen Pfannkuchen. Wenn die Pfannkuchen fertig sind, essen wir sie an einem Tisch, der mit brennenden Kerzen dekoriert ist. Natürlich.

Schauen Sie doch mal in Ihren Kalender und fahnden Sie nach halbvergessenen Feiertagen oder alten Traditionen, die eine Wiederbelebung verdient hätten. In ihnen liegt großes Hygge-Potenzial, das Sie mit Familie oder Freunden ausschöpfen können.

Kyndelmisse, February 2nd, 2014.

Margarethe lebt mit ihrem Mann und zwei Kindern im Norden Jütlands und feiert schon seit ihrer Kindheit die Walpurgisnacht. Ein Fest, das nur noch wenige Dänen begehen.

„Am Samstag, der Nacht auf den ersten Mai, feierten wir Walpurgis. In manchen Jahren wimmelte es bei uns im Garten vor Kindern und Erwachsenen. Doch dieses Jahr waren wir nur zu viert. Wir gingen den Morgen recht langsam an, frühstückten gemütlich und sprachen darüber, warum wir Walpurgis begehen. Ich erzählte, wie die Walpurgisfeiern in meiner Kindheit aussahen. Das weckte wunderbare Erinnerungen an Frühlingsabende mit Lagerfeuer, Spielen und warmen Pfannkuchen. Die Kinder lieben diese Geschichten. Den Abend verbrachten wir, ganz traditionell, am Lagerfeuer. Mein Mann Morten und ich unterhielten uns ausführlich darüber, wovon wir träumen und worauf wir als Familie hinarbeiten, während die Kinder in der Nähe spielten. Wir saßen am Lagerfeuer, bis es dunkel wurde – am Ende, als das Feuer schon heruntergebrannt war, kuschelten wir uns alle unter eine Decke. Wieder ein hyggeliger Abend, an den wir uns erinnern werden. Mir wurde bewusst, welches Privileg es ist, mit seiner Familie so zusammensitzen zu können. Es macht mich fast demütig, dass ich diese Gelegenheit habe.“

Margarethe Søderlund Andersen,
Nordjütland

Hygge und Auszeiten

Urlaub bedeutet Entspannung. Aber man muss nicht ans Ende der Welt reisen, um schöne Momente und Hygge zu erleben. Oft warten sie direkt vor der eigenen Nase oder ganz in der Nähe. Es kann ungeheuer hyggelig sein, sich eine Auszeit vom Alltag zu nehmen, abzuschalten und sich in ein Schrebergartenhäuschen, ein Sommerhaus, ein baufälliges schwedisches Bauernhaus oder einfach in die eigenen vier Wände zurückzuziehen.

Sommerhaus

„Die Sonne steht niedrig am Himmel und überzieht alles mit einem warmen Orangeton. Noch die kleinsten Kämme im Sand werfen lange Schatten. Wir dürfen auch am Abend baden, niemand nörgelt wegen nasser Haare und drohender Erkältungen, wir steigen einfach aus unserer Kleidung und laufen ins glitzernde Wasser. Hinterher klappern unsere Zähne und wir können kaum die warmen Pullover über den Kopf ziehen, so sehr zittern uns die Hände. Mein Zopf ist tropfnass und hinterlässt an meinem Rücken eine nasse Spur. Das Feuer brennt schon seit einer Weile, Glut hat sich angesammelt und glimmt im Dämmerlicht. Ich setze mich neben meine Mama, die gerade noch ihr Weinglas in Sicherheit bringen kann, bevor ich es umwerfe. Sie umarmt mich und schüttelt den Kopf über meine nassen Haare. Im warmen Schein des Feuers leuchten unsere Gesichter rosig, alle Konturen scharf herausgearbeitet. In ruhigen Augenblicken, wenn die Erwachsenen mal nicht über die guten alten Zeiten reden, gleitet so etwas wie ein Neujahr heran und macht sich unmerklich breit. Der Leuchtturm von Nekselø blinkt rhythmisch, die Landspitze dort draußen nur eine Silhouette am restblauen Himmel. Viel später, beim Heimweg über den dunklen Strandpfad, fürchte ich, mit bloßen Füßen auf Schnecken zu treten. Ich bin mir sicher: Der nächste Winter kommt bestimmt, und wir werden ihn überleben."

Aus: *Sommerhus* von Amalie Laulund Trudsø

Schrebergartenhäuschen

„Meine Familie hat einen Schrebergarten, fünfzehn Minuten von Kopenhagen entfernt. Darin steht ein einfaches, ganz kleines Häuschen mit einer winzigen Küche, einem kleinen Wohnzimmer und einem kleinen Bett. Alles ist klein und hyggelig – außer dem Garten, in dem die verschiedensten Blumen wachsen. In Hochbeeten haben wir Kräuter und Gemüse angepflanzt. Ich komme hierher, wenn ich mich ohne Ablenkungen auf etwas konzentrieren will, oder einfach zur Entspannung. Ich mähe den Rasen, trinke ein Bier auf der Veranda, lese ein Buch oder bereite Apfelreiser vor. Ich koche leidenschaftlich gern und schätze sehr, dass ich Kräuter und Gemüse selbst anbauen kann. Das Essen schmeckt dadurch so viel besser.

Direkt neben dem Schrebergarten ist ein Fußballplatz, und nach dem Training lade ich die Jungs gern auf ein Bier im Garten ein. Im Sommer kommen oft Freunde zum Grillen und Plaudern. Meine Mutter trifft sich im Schrebergarten ebenfalls mit ihren Freundinnen. Dann sitzen sie in der Sonne, stricken, plaudern und genießen die Hygge.“

Cornelius Simonsen,
Vesterbro

Bauernhof in Schweden

„Unsere Familie hat einen Bauernhof in Südschweden, nur ein paar Stunden von Kopenhagen entfernt. Wir fahren möglichst oft dorthin, und jeder Ausflug ist eine Zeitreise: Dort gibt es weder Strom, fließend Wasser noch Internet. Der Bauernhof liegt tief im Wald, direkt an einem wunderschönen See. Im Winter brennt immer ein Feuer im Kamin und hält uns warm. Und Kerzen spenden Licht, damit wir lesen, spielen oder nur die Zähne putzen können. Ich kenne nichts Hyggeligeres als diesen Ort, denn er vermittelt mir das Gefühl, ich hätte alle Zeit der Welt.“

Nanna Mosegaard,
Kopenhagen

Hygge findet man auf der ganzen Welt

Der 40-jährige Hicham Bennani lebt mit seiner dänischen Frau Satie, seinem neunjährigen Sohn und einem Baby im Norden Jütlands. Er stammt aus Marokko, wo er 1976 zur Welt kam. Im Alter von 17 Jahren zog er mit seinen Eltern nach England und verbrachte zwölf Jahre in Brighton. Seit elf Jahren lebt er nun in Dänemark. Hicham sagt, Hygge könne man auf der ganzen Welt finden, solange es nur Geselligkeit, etwas für die Sinne und Spontaneität gebe.

„In Marokko ist das Tablett mit Minzteegläsern das Symbol für Hygge. Bevor man irgendetwas tut, setzt man sich erst einmal zusammen und trinkt ein Glas Tee. Meist gibt es Poufs und Kissen, die es einem leicht machen, sich zu entspannen und locker zu werden. Viele Männer tragen eine Djellaba, ein langes wallendes Gewand, es gibt Früchte oder salzige Knabbereien – und dann wird endlos gequasselt. Über aktuelle Nachrichten, über große Neuigkeiten aus der weiten Welt oder über etwas, das in Casablanca passiert ist. Aber üblicherweise beginnen wir mit Small Talk. ‚Hast du gehört, was Fatima gemacht hat? Sie hat geheiratet … Ja, die Tochter von …' Und so weiter und so fort.

In England kenne ich Hygge aus den Pubs. Dort zeigt man seine Zugehörigkeit zu einem Pub, indem man einen Bierkrug aus Zinn mit dem eigenen Namen gravieren lässt und den Krug dort verwahrt. Im Pub begegnet man sich, pfeift auf alle Förmlichkeiten, scherzt und plaudert fröhlich. Besonders vermisse ich die sonntäglichen Pub-Besuche. Als ich noch in Brighton lebte, aß meine Familie jeden Sonntag im Pub zu Mittag: Lammbraten und Yorkshire Pudding. Wir erzählten uns, was wir am Samstag erlebt hatten, oder erinnerten uns an alte Zeiten. Die meisten Geschichten kannten wir alle, aber sie brachten uns immer wieder zum Lachen, und trugen zur hyggeligen, entspannten und zwanglosen Atmosphäre bei.

Bei der dänischen Hygge geht es recht direkt zu, man kommt rasch auf die tiefgründigeren Themen, über die man eigentlich reden will. In Dänemark bedeutet Hygge vor allem Zeit mit der Familie und guten Freunden – in Marokko hingegen sucht man Hygge viel öfter mit völlig Unbekannten. In Marokko stehen die Haustüren jedem offen – auch Fremden.

„Marokkaner reden definitiv lauter als Dänen oder Engländer. Dazu habe ich eine kleine Theorie. Ich glaube, im Norden braucht man Alkohol, um die Lautstärke anzuheben. Im Süden braucht man Minztee, um die Lautstärke zu senken.“

Der Hauptunterschied zwischen dänischer Hygge und Hygge woanders: Die Dänen haben ein Wort für das Konzept. Jetzt, da ich in Dänemark lebe und ein Wort dafür habe, bin ich mir bewusster, wo ich Hygge finde und wie ich Situationen hyggeliger mache. Das Wort Hygge deckt alles ab – die Geselligkeit, das Leckerli für die Sinne, die Spontaneität. Die Existenz des Worts allein zeugt schon von einem starken Bewusstsein. Wenn man ein eigenes Wort benutzt, das alles umfasst, zeigt das, dass man der Essenz von Hygge schon ziemlich nahe gekommen ist.

Meiner Ansicht nach kann man Hygge überall auf der Welt finden, und die Ähnlichkeiten überwiegen die Unterschiede. Das Zentrale an Hygge ist universell: In einer hyggeligen Atmosphäre kann man sich entspannen und ganz man selbst sein, ohne befürchten zu müssen, beurteilt zu werden. Eigentlich sollte Hygge eine Religion sein.“

DAS POTENZIAL VON HYGGE

Die Hygge-Idee wird in Dänemark politisch sowohl von der Rechten wie auch von der Linken angegriffen.

Die Linke kritisiert Hygge als ausgrenzend, fremden Kulturen gegenüber abwehrend und introspektiv. Die Rechte stört sich daran, dass Hygge einen negativen Einfluss auf den Ehrgeiz jedes Einzelnen habe und somit schlecht für das Wachstum sei. Ein Übermaß an Hygge schade daher der Produktivität und der Entwicklung des Landes.

Doch Mikkel Vinther, ein 25-jähriger Unternehmer und Volkshochschullehrer, glaubt ganz im Gegenteil, dass in den zentralen Werten von Hygge sehr viel Potenzial steckt. Das dänische Kultusministerium hat zahlreiche Dänen, darunter Vinther, zu ihren Ansichten über die dänische Kultur befragt. Insbesondere ging es darum, Elemente zu identifizieren, die zum immateriellen Kulturerbe Dänemarks gehören könnten. Als immaterielles Kulturerbe zählen laut UNESCO Bräuche, Traditionen, Handwerkskunst und so weiter – und eben möglicherweise Hygge.

Mikkel Vinther kämpft dafür, dass Hygge auch offiziell als immaterielles Kulturerbe anerkannt wird:

„Hygge bedeutet, wir reden jetzt mal nicht über Politik, wir vergessen unsere Differenzen und kooperieren. Wir begegnen uns als Menschen, nicht als Leute mit unterschiedlichen Meinungen. Mit diesem Schritt erkennen wir an, dass wir alle im selben Boot sitzen. In diesem Sinn ist Hygge tatsächlich das Gegenteil von Konkurrenz.

Diese Erkenntnis, dass Konkurrenz nicht alles sein kann, hat meiner Ansicht nach wichtige gesellschaftliche Bewegungen angetrieben, ich denke da an die Volkshochschulbewegung, die Genossenschaften und unsere starke Freiwilligenkultur.

Die nordische Volkshochschule beruht auf der Vorstellung, dass Lehrer und Schüler jeweils ihre eigenen Fähigkeiten einbringen, jedes Individuum also einen ganz eigenen Beitrag zur Gemeinschaft leistet. In die Volkshochschule geht man aus Leidenschaft, Neues zu lernen. Es gibt weder Prüfungen noch Noten und folglich auch kaum Konkurrenzdenken. Schüler und Lehrer werden zu neuen Gemeinschaften zusammengewürfelt, kommen auf neue Gedanken und fördern den Zusammenhalt der Gesellschaft – was sowohl der Gesamtbevölkerung als auch dem Individuum zugutekommt.

Auch die Genossenschaftsidee fußt im gemeinschaftsorientierten Denken der Volkshochschule. Speziell in der Landwirtschaft schlossen sich Menschen gegen das Preisdiktat externer Märkte zusammen. Anstatt sich gegenseitig immer weiter zu unterbieten, tat man sich zusammen und traf wichtige Entscheidungen auf regionaler Ebene gemeinsam. So entstanden Verbünde von Bauern, Molkereien und Einzelhändlern, die ihre Gewinne unter den Mitgliedern aufteilten.

Volkshochschulen wie Genossenschaften sind Beispiele dafür, wie Hygge und Konkurrenzverzicht die Gesellschaft und ländliche Regionen stärken.

Ich finde, die Welt braucht Hygge als Gegengift gegen die allgemeine Polarisierung. Hygge ermöglicht uns, all unsere Differenzen mal beiseite zu legen und zu erkennen, wie viel uns verbindet. Genau wie bei Volkshochschulen und Genossenschaften.

Leider funktioniert Hygge in homogenen Gruppen am besten – wie es die dänische Bevölkerung Ende des 19. Jahrhunderts war. Lust auf Hygge läuft durchaus Gefahr, nach Nabelschau und Abschottung zu müffeln. Deswegen braucht die Welt ‚Hygge 2.0', mit allen positiven Werten von Hygge, aber mit mehr Offenheit und Inklusion. Hygge wirkt wie ein Treibhaus, in dem Gemeinsinn, Kooperation und Liebe gedeihen – Werte, auf die sich wohl alle Menschen einigen können. “

Wie steht es aktuell um Hygge?

Das Konzept ist in Dänemark weiterhin enorm populär, gerät aber von mehreren Seiten in Gefahr. Menschen versuchen, sich gesünder zu ernähren, verdaddeln viel Zeit an elektronischen Geräten und stehen im Alltag unter großem Leistungsdruck. Will Hygge seinen Status als Lieblingsbeschäftigung der Dänen weiter behalten, muss das Konzept sich modernisieren. Anne Glad, eine führende Lifestyle-Expertin, meint dazu:

> „**Hygge gedeiht und wird in Dänemark immer gute und günstige Bedingungen vorfinden.** Die dunkle Jahreszeit verlockt einfach dazu. Im Winter kuscheln sich die Dänen aneinander und laden Gäste ein. Das Zuhause ist die Hygge-Kathedrale, und das seit Tausenden von Jahren. Selbst die Wikinger luden im Winter Gäste zum gemeinsamen Festmahl, genossen die Hygge und planten die Reisen des nächsten Sommers. Diese Kultur des Zuhauses führen die Dänen bis heute fort.
>
> **In wirtschaftlich schlechten Zeiten sind die Bedingungen für Hygge besonders gut.** Im Zuge der letzten Krise haben wir uns mehr nach innen gewandt, wir verbringen wieder mehr Zeit daheim. Familien und Freunde sind sich wieder näher gekommen. Im Kamin brennt ein Feuer, auf dem Herd köchelt Essen, auf dem Tisch liegt ein Brettspiel. Wir haben mehr Zeit zum Nachdenken. Nicht derjenige, der etwas besitzt, gilt als cool, sondern derjenige, der etwas weiß. Deshalb lesen wir in Krisenzeiten mehr Bücher, belegen mehr Kurse und gehen in mehr Vorträge. Auch ehrenamtliches Engagement, etwa als Vorstand eines Kindergartens, wird jetzt wieder geschätzt – in Boomzeiten konzentrieren wir uns eher darauf, im Beruf vorwärtszukommen, also außerhalb der Familiensphäre.

Doch es gibt auch Tendenzen in unserer Gesellschaft, die Hygge bedrohen. Körperkult und Gesundheitswahn in manchen Teilen der Bevölkerung verderben den Spaß an Hygge, zu der oft einfach Süßigkeiten, Kuchen, Bier und Wein gehören. Die Zahl der Fitnessstudios steigt, Dänen messen Blutdruck und Cholesterinwerte wie nie zuvor, und plötzlich rennen Tausende von ihnen Marathons. Früher war das ein Nischensport für ein paar überehrgeizige Narren. Ein Massensport sollte das nie sein. In diesem Licht betrachtet, hat Hygge ein gewaltiges Imageproblem, und wenn die Gesundheitswelle anhält und den Großteil der Bevölkerung erfasst, gerät Hygge in Gefahr.

Digitale und soziale Medien stellen ebenfalls eine Bedrohung dar. Studien zufolge fühlt sich eine große Zahl dänischer Familien gelegentlich gestresst – obwohl die Erwachsenen nicht länger arbeiten als früher und ebenso viel Freizeit genießen. Nur verbringen wir inzwischen viel mehr Zeit in sozialen Medien und bekommen dadurch das Gefühl, wir müssten uns als Individuen stärker abgrenzen. Es reicht nicht mehr, ein guter Bürger zu sein, seine Steuern zu bezahlen und sich korrekt zu benehmen. Nein, wir glauben, wir bräuchten eine Karriere, eine Familie, ein tolles Haus, schicke Klamotten. Es drängt uns, uns selbst zu verwirklichen – und das über die sozialen Medien in die Welt hinauszuposaunen. Die Medien nehmen uns Zeit weg, die wir mit unserer Familie verbringen könnten, sie verringern die Präsenz unserer Kinder und sorgen für Konfliktstoff, wenn Eltern versuchen, Internetzeiten zu beschränken.

Auch das gute alte Fernsehen birgt Gefahren. Denn wir riskieren, uns der Hygge nicht bewusst zu werden, wenn die Flimmerkiste ständig läuft. Es stimmt, Familie auf der Couch, Süßigkeiten in Griffweite – die Voraussetzungen für Hygge wären sehr gut. Doch wenn wir am Freitagabend in die Glotze stieren, verschlingen wir die Süßigkeiten achtlos und sind auch nicht präsent für jene Menschen, die neben uns auf der Couch sitzen. Außerdem hält sich der Glaube hartnäckig, man dürfe mal kurz auf Facebook schauen, während der Fernseher läuft.

Um diese Bedrohungen zu meistern und auch bei modernen, gesundheitsbewussten Menschen populär bleiben zu können, muss Hygge sich neu erfinden. Hygge, das kann Geselligkeit, Präsenz, Besinnlichkeit und Erholung sein. Eigentlich ist das ein toller Luxus, den wir uns sonst mit viel Geld erkaufen, auf geführten Wandertouren und in Yoga-Ferien – doch Hygge muss weg vom Sofa und hinaus an die frische Luft. Hygge muss zu etwas werden, das man im Stehen und Gehen machen kann. Hygge muss aktiv werden, statt passiv zu bleiben! Mit den Kindern in den Wald gehen, das ist Hygge. Den kleinen Fußspuren eines Kindes auf dem Waldboden folgen und sich Zeit für mikroskopische Erlebnisse nehmen, etwa einem Käfer dabei zusehen, wie er über ein Blatt wandert. Hygge muss uns überzeugen, dass sie uns folgen wird, wenn wir die frisch gebackenen Brötchen für ein Picknick mit nach draußen nehmen, anstatt sie auf der Couch zu essen.

Hygge muss sich mit einigen neuen Spielern auf dem Markt zusammentun, etwa mit Audioprodukten. Die Verkäufe von Hörbüchern haben gerade die Verkäufe von E-Books überholt. Podcasts und Internetradio werden immer beliebter. Zuhören erfordert mehr Aufmerksamkeit als Zusehen, und das wiederum bereitet den Boden für Hygge.

Das Wichtigste: Hygge muss sich ihrer selbst und und ihrer Geschichte bewusst bleiben. Hygge ist das Coole an unseren nördlichen Kulturen. Sie ist der Grund dafür, dass zu unserem häuslichen Leben auch andere Menschen gehören, nicht nur wir selbst. Sie ist der Grund dafür, dass Menschen sich in ungezwungenem, entspanntem Rahmen treffen, sie ist das Licht in der Dunkelheit, das uns durch sechs dunkle Monate bringt, und das seit über tausend Jahren.“

P. S.

Hygge-Momente sind die kleinen alltäglichen Augenblicke, die Sie glücklich machen. Die besten von ihnen leuchten wie Sterne.

Wenn man ein Wort dafür besitzt, wird man sich bewusst, dass sie immer da sind, man muss sie nur einsammeln!

Hygge-Lexikon

Baggrundshygge (Hintergrund-Hygge). Hyggelige Musik im Hintergrund, spielende Kinder, singende Vögel, plaudernde Gäste, Gelächter und anderes, das sich im Hintergrund abspielt.

Caféhygge (Café-Hygge). Eine hyggelige Zeit in einem hyggeligen Café verbringen und Hygge genießen.

Familiehygge (Familien-Hygge). Beispiel: „Lass uns am Samstag Familien-Hygge machen." Dazu gehört ein Spiel spielen, gemeinsam etwas Leckeres kochen oder Ähnliches. Im Grunde geht es nur darum, als Familie Zeit miteinander zu verbringen, die man als hyggelig empfindet.

Filmhygge (Sie haben es erraten: Film-Hygge). Hygge während des Betrachtens eines Films. Beispiel: „Lass uns einen Film-Hygge-Abend machen."

Fødselsdagshygge (Geburtstags-Hygge). Selbst gemachte Brötchen ans Bett, Lagkage (eine dänische Torte speziell für Geburtstage), den Geburtstag mit Freunden genau so begehen, wie man es mag. Das ist Geburtstags-Hygge.

Forårshygge (Frühlings-Hygge) beziehungsweise sommerhygge (Sommer-Hygge) und efterårshygge (Herbst-Hygge). Saisonal unterschiedliche Wörter für Hygge, was anzeigt, dass die Hygge von Jahreszeit zu Jahreszeit anders aussieht.

Fredagshygge (Freitags-Hygge) beziehungsweise Lørdagshygge (Samstags-Hygge) oder Søndagshygge (Sonntags-Hygge). Beliebte Hygge-Wörter und lauter gute Tage für Hygge. Hygge ist etwas für die Freizeit.

Halvhyggeligt (halb-hyggelig). Beschreibung für eine misslungene Hygge-Gelegenheit. Beispiel: „Wie war das Abendessen mit deiner Familie?" – „Oh, halb-hyggelig."

Hjemmehygge (Heim-Hygge). Beispiel: „Was machst du heute Abend?" – „Oh, wir machen nur einen hjemmehyggeaften (Heim-Hygge-Abend)." Was bedeutet, dass man es sich zu Hause gemütlich macht.

Hyggeaften (Hygge-Abend). Bedeutet in der Praxis, dass man Hygge-Essen verzehrt und sich Hygge-Zeit mit geliebten Menschen nimmt. Wird oft für Abende verwendet, an denen man zu Hause bleibt, anstatt wegzugehen. An einem Hygge-Abend sieht man sich einen Film an, spielt ein Brettspiel oder unterhält sich, isst Hygge-Snacks und trinkt ein Glas Wein. Siehe auch Hjemmehygge.

Hyggebajer (Hygge-Bier). Ein Bier, das man trinkt, wenn einem der Sinn nach bajerhygge (Bier-Hygge) steht. Beispiel: „Henning, lass uns ein Hygge-Bier trinken."

Hyggebamse (Hygge-Teddy). Beispiel: „Hast du deinen Hygge-Teddy eingesteckt?"

Hyggebelysning (Hygge-Beleuchtung). Beispiel: „Schau, Sigrid, dieses Restaurant sieht nett aus." – „Oh nein, dort ist das Licht zu hell. Warum haben die keine Hygge-Beleuchtung? Das würde der Atmosphäre sehr guttun." (Zum Thema hyggelige Beleuchtung siehe auch S. 133.)

Hyggebinge (Hygge-Bingewatching/Serienmarathon). Beispiel: „Louise hygge-bingt die erste Staffel von *House of Cards*."

Hyggebold (Hygge-Ball). Umgangssprachlich für „Spaß-Kicken". Man spielt, um sich zu amüsieren, nicht unbedingt, um zu gewinnen. Man braucht nicht mal Tore oder Mannschaften, sondern kickt den Ball einfach im Kreis hin und her und vollführt Tricks (aber keine zu coolen).

Hyggedag (Hygge-Tag). Beispiel: „Steffen, heute schwänzen wir die Schule und machen uns einen Hygge-Tag."

Hyggefacade (Hygge-Fassade). Eine Maske, die man in Gesellschaft aufsetzt, wenn man nur so tut, als würde man sich amüsieren. Man tut das, um Konflikte zu vermeiden, und wartet ab, bis man mit Anstand nach Hause gehen kann.

Hyggefiskeri (Hygge-Angeln). Angeln gehen, um Hygge zu erleben. Beispiel: „Anne, was machst du heute?" – „Ich gehe Hygge-Angeln."

Hyggehejsa (Grußform für Menschen, die sich nahe stehen). Kann sowohl bei der Begegnung wie auch beim Abschied verwendet werden. Ein salopper, fröhlicher Gruß – vielleicht nicht das Richtige für den Chef.

Hyggehjørne (Hygge-Ecke). Hygge findet oft in Ecken statt. Beispiel: „Was für ein schöner Sessel, Dorrit." – „Danke, Hanne, ich denke, ich stelle ihn in meine Hygge-Ecke."

Hyggejam (Hygge-Jamsession). Jammen, um zu hyggeln. Beispiel: „Auf geht's Leute! Wollt ihr hyggejammen?"

Hyggekrog (Hygge-Nische). Beispiel: „Oh, Astrid, da habt ihr aber eine nette Hygge-Nische. Ich wette, ihr verbringt viel Hygge-Zeit darin."

Hyggekryds (Hygge-Kreuzworträtsel). Kreuzworträtsel lösen allein um der Hygge willen. Beispiel: „Ich sitze gerade an meinem Hygge-Kreuzworträtsel."

Hyggelæsning (Hygge-Lesen). Lesen als Teil eines Hygge-Moments.

Hygge-Land. Spitzname für Dänemark. „Dänemark, du Hyggeland."

Hyggelig (Adjektiv). Ungefähr wie „gemütlich": „Was für ein hyggeliges Café, Hans" oder „Hyggelig, dich zu sehen, Lise." Das „g" am Ende des Wortes bleibt stumm: „hüggeli". Formen: hyggelig, hyggeligere, hyggeligst (hyggelig, hyggeliger, am hyggeligsten).

Hyggemad (Hygge-Essen). Beispiel: „Kinder, was wollt ihr zum Abendessen?" – „Hygge-Essen!" (Siehe dazu auch das Kapitel „Hygge bei Tisch", S. 67.)

Hyggemennesker (Hygge-Leute). Echte Hygge-Fans. Beispiel: „Kirsten und Henrik sind ganz liebe Hygge-Leute, mit denen wir viel Zeit verbringen."

Hyggemiddag (Hygge-Abendessen). Beispiel: „Birgit, lass uns bald mal ein Hygge-Abendessen machen." Etwas, zu dem man seine Freunde einlädt. Entweder viele oder nur ein paar. Je mehr Leute, desto mehr Hygge.

Hyggemøbler (Hygge-Möbel). Möbel, die zu Hygge einladen.

Hyggemor (Hygge-Mutter). Eine Mutter, die gut darin ist, andere liebevoll zu umsorgen. Beispiel: „Mona ist die Hygge-Mutter unserer Mittagsbetreuung."

Hyggemotionist (Hygge-Sportler). Ein Mensch, der es mit der Bewegung nicht übertreibt und hauptsächlich wegen der Hygge ein wenig Sport treibt (gern auch mit Freunden), nicht um in Form zu kommen. Beispiel: „Grete – na die ist mal eine

Hygge-Sportlerin!"

Hygge (DIE Hygge). Wird verwendet, wenn man von einer ganz bestimmten Hygge redet: „Die Hygge bei Oma war super."

Hyggenygge (richtig gute Hygge). „Nygge" ist eigentlich kein Wort, sondern reimt sich nur auf Hygge. Bedeutungslos wie „gemütlich-tütlich". Wird auch ironisch verwendet: „Klasse Hyggenygge" für eine ungemütliche Situation oder einen misslungenen Hygge-Versuch.

Hyggeonkel und **Hyggetante.** Nicht notwendigerweise Verwandte, sondern zum Beispiel ein Freund der Familie, der gut mit Kindern spielt und umgeht. Wird auch für Leute verwendet, die sehr gut darin sind, andere zu umhyggeln, eine nette Atmosphäre zu schaffen, Kuchen zu backen, Leute zu empfangen und die ganz allgemein fröhlich und nett sind (siehe umhyggeln, S. 12).

Hygge-Pianist. Ein Klavierspieler, der sich bemüht, eine hyggelige Atmosphäre zu schaffen. Beispiel: „War eine tolle Atmosphäre dort, oder?" – „Allerdings, die hatten sogar einen Hygge-Pianisten."

Hyggerum (Hygge-Zimmer). Etwa ein Wohnzimmer mit einem Hygge-Sofa oder einer Hygge-Matratze, die zum Hyggeln einlädt.

Hyggesludder (Hygge-Geplauder). Beispiel: „Ich traf Lotte in der Bäckerei und wir hatten ein Hygge-Geplauder darüber, was in der Nachbarschaft los ist."

Hyggesnak (Hygge-Gespräch). Sludder ist eher allgemeines Geplauder, snak geht mehr in die Tiefe. Beispiel: „Ich habe mich neulich gefreut, Sofie wiederzusehen. Wir haben bis drei Uhr Morgens gehyggesnakt."

Hyggespreder (Hygge-Verbreiter). Verwendet für hyggelige Menschen, die richtig gut darin sind, Hygge zu verbreiten. Wird auch ironisch benutzt, wenn jemand in Gesellschaft furzt.

Hyggestemning (Hygge-Stimmung). Beispiel: „Wir gingen gestern in dieses neue Café. Dort herrscht echt gute Hygge-Stimmung."

Hyggestund (Hygge-Augenblick). Beispiel: „Wir haben einen Hygge-Augenblick in der Sonne genossen." Gute Fotos erfassen genau diesen besonderen Moment, nicht nur seine Ästhetik, sondern die gesamte Atmosphäre des Hygge-Augenblicks.

Hyggesyg (Hygge-krank). So krank, dass man nicht zur Arbeit gehen kann, aber nicht so krank, dass man den ganzen Tag mit Schmerzen im Bett bleiben muss. Man schlurft zu Hause herum, mit Schal, Pantoffeln und warmen Socken, sieht sich Filme an, isst leckere Sachen – ist aber nicht gesund genug, um zu arbeiten.

Hyggetempo (Hygge-Tempo). Ein Tag im Hygge-Tempo ist ein Samstag, an dem man nichts vorhat. Joggen im Hygge-Tempo tut man allein wegen der damit verbundenen Hygge.

Hyggetime (Hygge-Stunde). Wird vor allen in Schulen verwendet, für unterrichtsfreie Stunden. Man gönnt sich Hygge, malt, liest oder isst Kuchen.

Hyggetur (Hygge-Ausflug). Beispielsweise ein Ausflug in den Wald oder an den Strand, gemeinsam mit anderen, nur der Hygge willen. Beispiel: „Emil, lass uns einen Hygge-Ausflug machen!"

Jordbærhygge (Erdbeer-Hygge). Eine sehr dänische Art von Sommer-Hygge besteht darin, Erdbeeren zu essen, zu kaufen oder zu pflücken. Weckt Erdbeererinnerungen und erinnert an Erdbeertraditionen, was es hyggelig macht.

Julehygge (Weihnachts-Hygge). Wie wir sie alle kennen, mit Traditionen, köstlichem Essen, Lichterschmuck auf den Straßen, Hygge-Atmosphäre überall. Und natürlich Hygge-Augenblicke mit Familie und Freunden.

Landsbyhygge (Dorf-Hygge). Sehr beliebte Hygge-Form, denn auf dem Dorf gibt es noch sehr viel Hygge.

Morgenhygge (Morgen-Hygge). In Pantoffeln herumschlurfen und sich alle Zeit der Welt lassen. Oder neben einem geliebten Menschen aufwachen und es sich auf die eine oder andere Art hyggelig machen, bevor der Tag richtig losgeht.

Morgenmadshygge (Frühstücks-Hygge). Gehört an Samstagen und Sonntagen einfach dazu. Vielleicht Brunch, wenn man lang geschlafen hat. Umfasst alles, was für Sie ein Frühstück ausmacht, dazu eine Zeitung, Zeit und eine schöne Tasse Tee.

Nissehygge (Zwerg-Hygge). Für die Weihnachtszeit. Der dänischen Tradition zufolge essen Zwerge im Speicher Haferbrei, necken die Bewohner des Hauses auf hyggelige Art und leben an kleinen, hyggeligen Orten im Haus. Deswegen schmücken wir unsere Häuser in der Weihnachtszeit mit Zwergen und schaffen so Zwerg-Hygge und Weihnachts-Hygge.

Øhygge (Insel-Hygge). Auf dänischen Inseln findet man so viel Hygge: Samsø, Bornholm, Fanø, Anholt, Ærø und Langeland sind nur einige von vielen dänischen Inseln mit massenhaft Insel-Hygge.

Ølhygge (Bier-Hygge). In den Augen vieler Menschen etwas sehr Dänisches. Nach der Arbeit in der Sonne sitzen, mit einem Carlsberg in der Hand, das ist Bier-Hygge. Oder den

Feierabend einfach mit einem Bier begehen. Kann auch bedeuten, dass man sich mit Freunden auf hyggelige Weise betrinkt.

Pigehygge (Mädchen-Hygge). Wie Girlpower, nur hyggelig. Mädchen treffen sich und machen hyggelige Sachen aller Art. Sie quasseln und benehmen sich auf hyggelige Weise mädchenhaft.

Råhygge (Roh-Hygge). Hygge in Reinform. Beispiel: „Das war totale Roh-Hygge!"

Tehygge (Tee-Hygge). Hyggeln beim Teetrinken.

Uhygge (Unhygge). Verwendet für ganz schlimme Erlebnisse und Stimmungen. Unhygge ist Horror. Entsprechend steht das Adjektiv unhyggelig für trostlos, unbehaglich, gruselig oder angsteinflößend. Das absolute Gegenteil von Hygge!

Vinterhygge (Winter-Hygge). Winther-Hygge heißt, man hält sich warm, während es draußen kalt und dunkel ist, man zündet eine Kerze an und macht es sich hyggelig. Zur Winter-Hygge kann auch gehören, über eine verschneite Landschaft zu blicken – der Schnee macht die Atmosphäre hyggelig. Und dann sagt man: „Das ist pure Winter-Hygge."

Vovsehygge (Hunde-Hygge). Hygge mit einem Hund, Beispiel: „Wir verbrachten einen Tag voller Hunde-Hygge."

Beim Betrachten der Hygge-Ausdrücke zeigt sich, dass die Zusammensetzungen mit Hygge an erster Stelle überwiegen: Hygge-Nahrung, Hygge-Wetter und so weiter. Nur in selteneren Fällen steht Hygge hinten: Roh-Hygge, Familien-Hygge etc. Eines haben alle diese Zusammensetzungen gemeinsam: Es geht um Dinge, die wir gemeinsam tun – reden, essen, trinken. Die Wörter beschreiben oft ganz bestimmte Zeiten, Gelegenheiten und Umstände, wie etwa Weihnachten, Abend, Sommer, Herbst, Freitag, Morgen. Doch der Kern bleibt immer der Gleiche: Hygge impliziert, dass etwas entspannend ist, erfreulich, liebenswert, charmant. Und dass man es gemeinsam macht.

Erfinden Sie Ihre eigenen Hygge-Wörter

Das geht ganz einfach. Überlegen Sie sich, was Sie persönlich hyggelig finden – Zimtschnecken, Musik, Süßigkeiten, Kerzen, Lagerfeuer, Kissen, Decken, Wochenenden –, und kombinieren Sie es mit Hygge: Hygge-Zimtschnecken, Hygge-Musik, Hygge-Süßigkeiten, Lagerfeuer-Hygge, Hygge-Kissen, Hygge-Decken und Hygge-Wochenenden. Kinderleicht, oder? Und die Möglichkeiten sind unendlich. Wenn Sie irgendwo Hygge finden, dürfen Sie das dazugehörige Wort erfinden, auch wenn es vielleicht ungewöhnlich klingt. Auch eine Busfahrt kann zur Hygge-Busfahrt werden, wenn sie hyggelig ist. Das Bedürfnis nach Hygge darf man auch Hygge-Wunsch nennen, ein hyggeliger Schaufensterbummel darf auch Hygge-Shopping heißen. Selbst ein Arbeitstreffen im Büro kann zum Hygge-Meeting werden, wenn es sich nur hyggelig genug anfühlt, um nicht mehr als Arbeit zu zählen. Nur keine falsche Zurückhaltung – stürzen Sie sich ins Wörter-Erfinden!

Billard
Dart
Ren hygge

HYGGE

MAN HYGGER SIG HOS TOVE
Ensrettet

KÆRLIGHED & HYGGE
SIDEN 2006

CAFE NO 2
DANSK BURGER 125,-
KALVE BURGER 135,-
PARISER BØF 115,-
TUNMOUSSE M. REJER 108,-
HYGGETALLERKEN 89,-
PRØV OGSÅ EN AF VORES LÆKRE SANDWICH
VI HAR OGSÅ BØRNE MENU'ER

NØRREBROs
HYGGELIGSTE START
PÅ
Dagen
AUTO's
MORGENKOMPLET
65,-

Inspiration

Skandinavische Inneneinrichtung

Folgende dänische Zeitschriften liefern tolle Anregungen. Einige der Zeitschriften sind hyggeliger als andere, aber alle sind gut gemacht. Die meisten davon finden Sie im App-Store Ihres Smartphones, und auch wenn Sie den Text vielleicht nicht verstehen, die Bilder werden Sie inspirieren.

- *Alt for damerne interiør*
- *Boligmagasinet*
- *Bo bedre*
- *Boligliv*

Weitere Inspirationsquellen:

- Filme mit toller Ausstattung und tollem Bühnenbild
- Christiania Interiør – Interior von Karina Tengberg und Tami Christiansen (Kopenhagen, Nyt Nordisk Forlag, 2011)
- Kunsthåndværkerhjem von Anitta Behrendt, Christiana B. Kjeldsen und Rikke Graff Juel (Aarhus, Turbine, 2016)
- The Kinfolk Home von Nathan Williams (New York, Artisan Books, 2015)
- Magic Cleaning von Marie Kondo (Reinbek, Rowohlt, 2013)
- A Perfectly Kept House is a Sign of a Misspent Life von Mary Randolph Carter (New York, Rizzoli International Publications, 2010
- The Danish Way of Parenting – A Guide to Raising the Happiest Children in the World von Jessica Alexander und Iben Sandahl (Kopenhagen, Ehrhorn Hummerston, 2014)
- Homesick DIY auf homesick.nu

Lebensmittel

Cook Scandinavian von Camilla Plum (London, Kyle Books, 2015)

GRØD Kogebogen (englische Version) von Lasse Skjønning Andersen (Kopenhagen, Vandkunsten, 2015)

The Nordic Kitchen. One Year of Family Cooking von Claus Meyer (London, Mitchell Beazley, 2016)

Die grüne Küche. Köstliche vegetarische Ideen für jeden Tag von Luise Vindahl und David Frenkiel (München, Knesebeck, 2014)

Jamies Superfood für jeden Tag von Jamie Oliver (München, Dorling Kindersley, 2015)

The Kinfolk Table von Nathan William (New York, Artisan, 2013)

Instagram-Inspirationsliste

@margrethesa / @nannamosegaard / @amalielaulundtrudsoe
@louisise / @chrisbk79 / @miastensgaard /
@rosacelinderfaurholm / @neelronholt /
@luisegreenkitchenstories / @gkstories / @homesickblog

Danksagung

Dieses Buch gibt es nur dank der Hilfe wunderbarer Menschen und ihrer Ansichten zu Hygge.

Ich möchte Ditte Lysgaard für viele gute Stunden auf der Autobahn danken und für ebenso viele schöne Bilder für das Buch.

Mein Dank gilt auch Júlia Reig, Cornelius Simonsen, Neel Rønholt, Fanny Bruun Andersen, Anna Elisabeth Gonge, Vibeke Gonge, Marendine Ladegaard und Freunden, Niels Erling, Sara Andersen, Lea Sommer, Grete Petersen, Jakob Nyholm Jessen und Signe Fog Christensen, Agnes und Niels, Ole Viby, Louise B. Kjeldsen, Palle Fogh, Ina Schack Vestergaard und Familie, Christina B. Kjeldsen, Hicham Bennani und Satie Espersen, Lennart Lajboschitz und Absalon, Amalie Laulund Trudsø, Søren vom Pub 90'eren, Nanna Mosegaard, Margrethe Sønderlund Andersen, Edith Fogh Vindelev, Tilde Vindelev Vengsgaard, Kirstine Fogh Vindelev und Carmen. Ihr wart mir die besten Experten zum Thema Hygge im Alltag.

Folgende Experten halfen mir, Hygge aus einer weiteren Perspektive zu betrachten: Mikkel Vinther, Iben Sandahl, Anne Glad, Heidi Boye, Marie Stender, Mads Olsen, Master Fatman, Asger Bay Christiansen, Jørgen und Flora Melchiorsen, Signe Bindslev Hansen und Peter Bundgaard Rützou, Heidi Schiøtz, Christian Bjørnskov, Jeppe Gjervig Gram und Mia Stensgaard. Ich möchte Michelle Kristensen, Camilla Plum und Lasse Skjønning Andersen dafür danken, dass sie mir ihre hyggeligsten Rezepte verrieten. Danke auch an Camilla Marie, Tatiana & Mette von Homesick für ihre wunderbar inspirierenden Heimwerkerprojekte. Vielen Dank auch an Amalie Laulund Trudsø und Rosinante, dass sie uns ein bisschen vom *Sommerhaus* geliehen haben.

Mein Dank gilt auch Sinéad Quirke Køngerskov, die geschickt Material aus dem Dänischen ins Englische übersetzt hat.

Dank auch an Margrethe Sønderlund Andersen und Nanna Mosegaard sowie ihre Familien. Ihr habt es wirklich geschafft, Momente wahrer Hygge zu erfassen und zu vermitteln.

Danke an Rosa und Mikkel Celinder Faurholm, Lulu Betz, Magnus Lindeberg, Louise B. Kjeldsen, Amalie Laulund Trudsø, Jon und Gigger Agger Jørgensen, Neel Rønholt, Mikkala Kissi, Martin Pedersen und die Jungs, Tilde Vindelev Vengsgaard, Tone Mygind Rostbøll, Christina B. Kjeldsen, Susanne Klixbüll, Rolf Konow, Per Arnesen, Anders Heinrichsen, Ida Marie Winge Café Auto und Catarina Nedertoft Jessen für eure wunderbaren Fotos, die hier verwendet wurden.

Mein Dank gilt weiter Christina B. Kjeldsen für ihre enorme Hilfe und ihren tröstenden Rat, wenn ich vor lauter Bäumen den Wald nicht mehr sah.

Vielen Dank Jeppe Trolle Linnet, du warst ein sehr hyggeliger und hervorragender Hygge-Experte und Sparringspartner.
Fiona Crosby danke ich für Engelsgeduld, Vertrauen, Ermunterung und Wissen. Karen Bryden und Sophie Elletson waren mir ebenfalls unersetzlich.

Louise Moore und John Bond – ohne euch und die wunderbaren Tage, die wir miteinander verbracht haben, hätte es das Buch nie gegeben.

Torkild Fogh Vindelev war mir ein unermüdlicher und loyaler privater Lektor, Mathias Sommer lieferte mir kluges und professionelles Feedback und Sine Bach Jakobsen war mir eine intelligente Probeleserin.

Ich möchte auch meiner Familie, meinen Freunden und tollen Kollegen danken. Ihr habt mich inspiriert und mir die Bedeutung von Hygge gezeigt. Danke auch Kirsten Højte, Henning Lynggaard, Marie Højte Lynggaard, Mathias Sommer und Lise Søderberg, Peter Tourell, Tine Tourell Søderberg und Torkild Fogh Vindelev für ein Leben voller Hygge, Liebe und Unterstützung.

Quellen

Danmark in numbers 2016, Danmarks Statistik • En fortælling om Danmark i det 20. arhundrede, Bo Lidegaard, 2011, Gyldendal • Politikens Danmarkshistorie 2007 • Man har et standpunkt, Niels Krause Kjær • denstoredanske.dk • danmarkshistorien.dk by Aarhus University • Money can't buy me Hygge, Jeppe Trolle Linnet, 2009 • Cozy Interiority, Jeppe Trolle Linnet, 2014 • Fødevarer og
Sundhed i senmodernismen: En indsigt i hyggefænomenet og de relaterede fødevarepraksiser, Heidi Boye, 2010 • Romerriget, Radio 24syv, Programmwoche 52, 2012 • Elsk dit hjem fra a-å, by Ranvita La Cour, Nyt Nordisk forlag Arnold Busck (2009) • ordnet.dk • Den undertrykkende danske hygge, Kristeligt Dagblad, 12. September 2014 • Levende lys er hurtig hygge, Politiken, 27. September 2015 • Forsker søger ind til hyggens væsen, Vagn Erik Andersen, Magazine Ny Viden, SDU • Hyggeforsker: Danskere med og uden penge hygger sig forskelligt, Politiken, Helle Lorenzen, 2013 • Hygge er ærligt, usmart og ærkedansk, Kristeligt Dagblad, 2009 • Nu skal vi rigtig hygge os . Weekendavisen, 11. September 2015 • Sådan opdrager vi børn til at blive lykkelige, Kristeligt dagblad, 17. Dezember 2015 • Vi bliver snart verdensmestre i slik, Politiken, 2. März 2015 • Get cosy: why we should all embrace the Danish art of 'hygge', Telegraph, 15. Oktober 2015 • Scandi-Mania documentary, with Hugh Fearnley-Whittingstall, 2014 • Ud og Se Magazine, März 2016 • The human animal, BBC-Dokumentarfilm von Desmond Morris • Hygge som våben mod terror, Rune Lykkeberg, Politiken, 21. Februar 2015 • Rapport: Danskernes forbrug af stearinlys, Boluis, Nov. 2014

Fotonachweis

S. 6: Marie © Anders Heinrichsen • S. 9: Von links oben im Uhrzeigersinn: die sechsjährige Marie mit ihrer jüngeren Schwester Tine, Maries Freund Torkild Fogh Vindelev, Freunde aus der Highschool © Fanny Bruun Andersen und Marie mit ihrer Mutter Lise Søderberg (Familienfotos) • S. 13 und S. 17: Familienfotos © Margrethe Sønderlund Andersen, Nanna Mosegaard und Rosa Celinder Faurholm • S. 22: Jahreszeiten © Christina B. Kjeldsen und Amalie Laulund Trudsø • S. 25: Landschaften © Christina B. Kjeldsen • S. 26: Freunde beim Campen in Schweden © Martin Pedersen • S. 28: Sonnenuntergang auf der Terrasse © Margrethe Sønderlund Andersen • S. 33: Von links oben im Uhrzeigersinn: Maries Freunde aus Kindertagen, Josephine Fayard und Anna Katrine Waage, Marie und ihr Vater, ein Augenblick echter Hygge, Maries Schwester und beste Freundin Tine (Familienfotos), Filmset von Sofa © Anna Emma Haudal, Filmset von 1864 © Per Arnesen, Rosa und ihr Søhn Isak, Lieblingskletterbaum in der Kindheit (Familienfotos) • S. 34: Ingeborg und Holger spielen auf einer Waldwiese © Margrethe Sønderlund Andersen • S. 36: Ein Winterabend rund ums Feuer © Margrethe Sønderlund Andersen • S. 38–41: Marendine Krainert Ladegaard erlebt einen hyggeligen Abend mit Freunden und Kollegen © Ditte Lysgaard Holm • S. 44–45: Anna Elisabeth Gonge zu Hause in Jütland © Ditte Lysgaard Holm • S. 46: Von oben: Theodor und Sonja lesen eine Gutenachtgeschichte © Tone Rostbøll Mygind, Familienzeit am Strand und im Gartenhaus © Margrethe Sønderlund Andersen • S. 52: Nora auf dem schwedischen Bauernhof © Nanna Mosegaard • S. 54 Von oben: Morten und Holger auf Abendspaziergang © Margrethe Sønderlund Andersen, Theodor und Sonja mit ihrem Vater © Tone Rostbøll Mygind, Alfred und Uffe lesen © Christina B. Kjeldsen • S. 58–62: Lea Sommer und ihre Großmutter Grete Petersen bei Grete in Odense © Ditte Lysgaard Holm • S. 64–65: Ein normaler Abend im Kopenhagener Pub Vinstue 90 von 1916 © Ditte Lysgaard Holm • S. 66–67: Abendessen im Nachbarschaftszentrum Absalon in Kopenhagen © Ditte Lysgaard Holm • S. 72: Von links: Elsa und Isac in der Küche © David Frenkiel von Green Kitchen Stories, Picknick, frisch gepflückte Erdbeeren und Abendessenvorbereitungen © Margrethe Sønderlund Andersen • S. 76–79: Inas Küche © Ditte Lysgaard Holm • S. 82–85: Palles Küche © Ditte Lysgaard Holm • S. 88–91: Louises Kartoffelsandwiches © Ditte Lysgaard Holm • S. 92: Rødgrød med fløde aus Lise Søderbergs Küche © Marie Tourell Søderberg • S. 94: Lasse Skjønning Andersens Lieblingshaferbrei © Chris Tonnesen • S. 96: Snobrød entsteht © Lise Søderberg • S. 98: Traditionelle Torte mit frisch gepflückten Beeren © Louise B. Kjeldsen • Michelle Kristensens Snickers © Joachim Wichmann • S. 103: Hochzeit im Freien, Apfelblütenfestival auf Lilleø, veranstaltet vom dänischen Koch Claus Meyer © Kim Tonning • S. 106–109: Jakob Nyholm Jessen und Signe Fog Christensen mit ihren Kindern Agnes und Niels zu Hause in Seeland © Ditte Lysgaard Holm • S. 110: Ingeborgs Lese-Hyggeort © Margrethe Sønderlund Andersen • S. 113: Ein Zuhause mit Persönlichkeit © Karina Tengberg • S. 115: PH-Lampe in einer Küche in Frederiksberg © Jon und Gigger Agger Jørgensen • S. 116: Sommerhaus in Nordseeland © Magnus Lindeberg • S. 119: Diele © Peter Kragballe • S. 121: Küche © Karina Tengberg • S. 123: Wohnzimmer © Peter Kragballe • S. 125:

Bad © Yvonne Wilhelmsen • S. 127: Schlafzimmer © Peter Kragballe • S. 128: Malen mit Wasserfarben © Tilde Vindelev Vengsgaard • S. 130: Von links: Blumen aus dem Garten © Margrethe Sønderlund Andersen, Wildblumen © Neel Rønholt, Baumwollzweig © Nanna Mosegaard • S. 131, 132: Pflanzen, Ecken © Karina Tengberg • S. 133: Geschenke und Erbstücke © Peter Kragballe • S. 134: Von oben: Licht im Gartenhaus © Margrethe Sønderlund Andersen, Ein Abend im Café Auto in Kopenhagen © Café Auto, Ein Blick hinein © Nanna Mosegaard • S. 137: Von oben: Kerze © Marie Tourell Søderberg, Vorbereitungen für Heiligabend © Nanna Mosegaard, Steine vom Strand bemalen © Margrethe Sønderlund Andersen • S. 138–139: Bücher, Recycling © Peter Kragballe • S. 140: Instrumente © Marie Tourell Søderberg • S. 142: Souvenirs © Karina Tengberg • S. 143: Mix and Match © Peter Kragballe • S. 145: Arbeitsplatz © Peter Kragballe • S. 146–152: Das international ausgezeichnete Restaurant Noma © Mikkel Heriba • S. 154: Die dänischen Schauspielerinnen Marie Bach Hansen und Trine Dyrholm in Die Erbschaft © Per Arnesen • S. 155: Die dänischen Schauspieler Mads Mikkelsen, Søren Malling und Birthe Neumann in der absurden Filmkomödie Men & Chicken © Rolf Konow • S. 156: Die Schauspielerin Trine Dyrholm in der Fernsehserie Die Erbschaft © Martin Lehmann • S. 158: Hinter den Szenen von Die Erbschaft © Mia Stensgaard • S. 162: Dänische Natur © Amalie Laulund Trudsø, Nelson L (Flickr) und Christina B. Kjeldsen • S. 164–165: Nora in der Abensonne und unter Kirschblüten © Nanna Mosegaard • S. 167: Schneeglöckchen-Brief © Marie Tourell Søderberg • S. 168: Im Uhrzeigersinn von oben links: Christina Yhman in Blumenwiese © Amalie Laulund Trudsø, Nora und eine Freundin pflücken Erdbeeren © Nanna Mosegaard, Beeren und Meer © Amalie Laulund Trudsø, Schlafen unter freiem Himmel © Margrethe Sønderlund Andersen • S. 170: Holunderblütensirup © Amalie Laulund Trudsø • S. 172: Äpfel und Lagerfeuer © Margrethe Sønderlund Andersen, Wald © Christina B. Kjeldsen • S. 174–176: Schale aus Hobby Clay und Tisch aus Brettern © Homesick DIY • S. 178: Im Uhrzeigersinn von oben links: Amalie Laulund Trudsø auf schwedischem Bauernhof © Louise B. Kjeldsen, Schlittenfahrt © Christina B. Kjeldsen, Zeit drinnen © Margrethe Sønderlund Andersen, selbst gemachter Weihnachtsschmuck © Amalie Laulund Trudsø, Luzia-Tag © Nanna Mosegård, Schnee © Amalie Laulund Trudsø • S. 180: Hygge-Lichter © Homesick DIY • S. 183: Kyndelmisse-Mädchen © Marie Tourell Søderberg • S. 184: Familienzeit bei Sonnenuntergang © Margrethe Sønderlund Andersen • S. 186: Im Gartenhaus lesen © Margrethe Sønderlund Andersen • S. 188: Im Uhrzeigersinn von oben links: Emil Krøll und Mark Hau genießen ein Bier © Marie Tourell Søderberg, Schrebergartenhäuschen in Sydhavnen © Mikkala Kissi, Häuschen und Schrebergarten © Lulu Betz, Schrebergartenhäuschen in Kløvermarken © Marie Tourell Søderberg • S. 190: Schwedisches Bauernhaus © Nanna Mosegaard • S. 192–195: Hicham Bennani zu Hause © Ditte Lysgaard Holm • S. 198: Blick hinaus auf den Regen in Kopenhagens Straßen © Nanna Mosegaard • S. 202: Im Uhrzeigersinn von oben links: Margrethe Sønderlund Andersen und ihr Mann Morten, Spielen im Gartenhaus © Margrethe Sønderlund Andersen, Ærø Winter-Badeklub © Catarina Nedertoft Jessen, Geburtstagsessen in den Neinzigerjahren © Gigger Agger • S. 206: Sterne © Strftime, Flickr • S. 217: Hygge an verschiedenen Orten Dänemarks, von Faaborg im Süden bis Kopenhagen im Osten © Kathrine Højte Lynggaard.